AF308725

MÉDAILLE D'ARGENT
A L'EXPOSITION UNIVERSELLE
1878.

LEÇONS ÉLÉMENTAIRES
D'HARMONIE
POUR LA
THÉORIE DE LA MÉTHODE
SYSTÈME NOUVEAU

Cet ouvrage explique tous les intervalles; l'accord parfait et
celui de septième dominante; leurs positions et leurs renversements; les trois manières d'accompagner le Plain-Chant,
exposées dans la Méthode Système Nouveau, d'après les trois
Systèmes; homogène, mixte et par phrases musicales;
la manière d'accompagner chaque mode dans sa modalité;
comment on reconnaît le ton de toutes les phrases de Plain-
Chant, et toutes les fautes à éviter en l'accompagnant, etc.

PAR
C. L. HANON
Maestro Compositeur honoraire de Musique de l'Académie Pontificale
de Ste Cécile de Rome.

6me ÉDITION
Entièrement refondue
ET
Considérablement augmentée.

PRIX NET: 4f
1880
Chez l'AUTEUR, Rue Neuve-Chaussée, 9, BOULOGNE S/ MER.
Propriété de l'Auteur pour la France et l'Etranger.

CHAPITRE 1.

La *mélodie* est une suite de sons entendus séparement, et formant un chant.

L'*harmonie* est la réunion de plusieurs sons entendus ensemble, et formant des accords.

Toutes les notes ont un nom, qui leur est donné, par rapport à la note principale, qu'on nomme *tonique*.

Exemple:

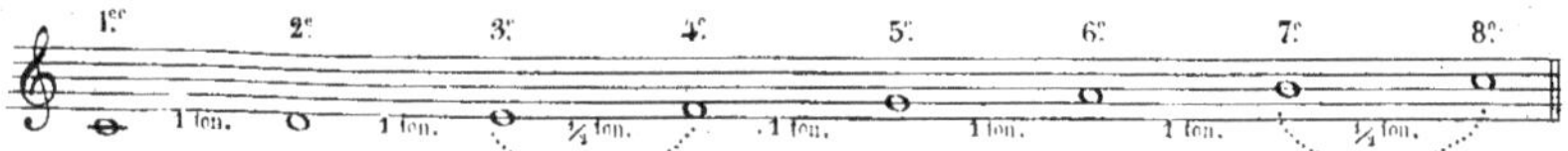

SUCCESSION DES DEGRÉS D'UNE GAMME MAJEURE.

Du 1er au 2e degré, il y a un ton; du 2e au 3e un ton; du 3e au 4e un demi-ton; du 4e au 5e un ton; du 5e au 6e un ton; du 6e au 7e un ton; du 7e au 8e un demi-ton.

Exemple:

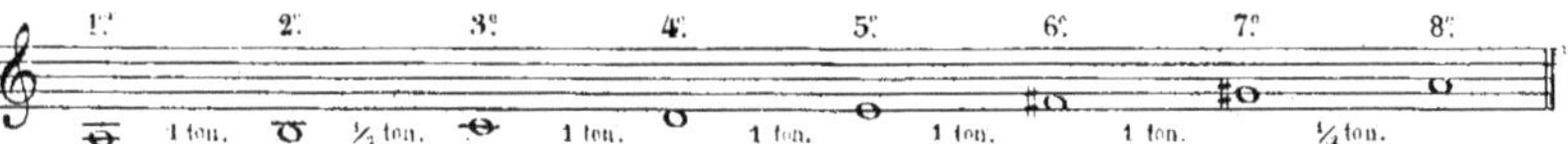

Toutes les gammes majeures, se composent de cinq tons, et de deux demi-tons. Le 1er demi-ton d'une gam_me majeure, se trouve du 3e au 4e degré, et le 2d du 7e au 8e. Quand on prend pour *tonique*, une autre note que l'*ut*, on est obligé d'employer des dièzes ou des bémols, pour que les cinq tons et les deux demi-tons, se succèdent dans le même ordre que ci-dessus.

La gamme mineure est aussi composée de cinq tons, et de deux demi-tons. Le 1er demi-ton, se trouve du 2e au 3e degré, et le 2d du 7e au 8e comme dans la gamme majeure; il en est de même, pour toutes les gammes mineures.

Exemple:

GAMME EN LA MINEUR.

Imp. E. DELAY. R. Rodier, 49.

CHAPITRE II.

DES INTERVALLES.

La distance d'un son à un autre son, se nomme *intervalle;* le plus petit *intervalle* est le demi-ton.

En parcourant la gamme, de l'*ut* à l'*ut*, on trouve sept intervalles, que l'on nomme: *seconde, tierce, quarte, quin-te, sixte, septième* et *octave.*

Exemple:

Chacun de ces intervalles, peut recevoir trois modifications, que nous croyons utile d'indiquer ici, quoiqu'on n'en fasse pas usage dans le Plain-Chant.

Exemple:

Quand on chante la même note qu'une autre personne, ou que l'on joue la même note qu'un instrument quel-conque, on est à l'unisson.

Exemple:

On double quelquefois les intervalles; alors, la *seconde,* produit une *neuvième;* la *tierce,* une *dixième;* la *quar-te,* une *onzième;* la *quinte,* une *douzième;* la *sixte,* une *treizième;* la *septième,* une *quatorzième;* et l'*octave,* une *double octave.*

Exemple:

Les intervalles se comptent toujours, de bas en haut; ainsi, la note grave, c'est le 1er degré.

On renverse un intervalle, en prenant la note la plus grave, pour la placer une octave au dessus.

Exemple:

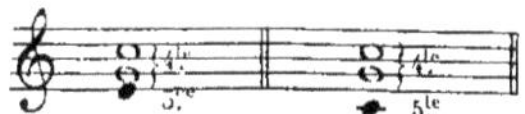

REMARQUE. Tout intervalle avec son renversement, doit faire le nombre 9.

EXEMPLE. La 2de renversée, produit la 7me: 2 et 7 font 9, etc. Voir le tableau précédent, pour les autres intervalles.

On nomme intervalles *consonnants*, la 3ce, la 5te, la 6te et l'8ve. Ce sont les seuls, par lesquels, on puisse terminer une phrase musicale.

La 4te est aussi une consonnance, mais d'un effet vague, c'est pourquoi, elle ne peut servir de repos, à moins qu'on ne mette une *tierce*, ou une *quinte*, en dessous de la note la plus grave.

Exemple:

La *seconde* et la *septième*, sont des *dissonnances*, et ne peuvent terminer aucune période musicale.

Toute *dissonnance* doit être *résolue*; cette *résolution* se fait, en passant d'une *dissonnance*, à une *conson_nance*.

Exemple:

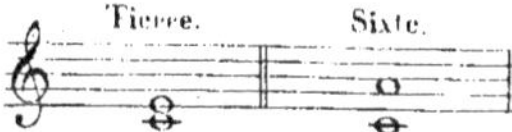

La *tierce* et la *sixte*, sont des *consonnances imparfaites*, parcequ'elles ne font connaître le ton, que d'une ma_nière imparfaite.

Exemple:

La *quinte* et l'*octave*, sont des *consonnances parfaites*, parcequ'elles font connaître le ton, d'une manière par_faite.

Exemple:

CHAPITRE III.

DES MOUVEMENTS.

Il y a en musique, trois *mouvements*, 1? le *mouvement direct, semblable* ou *parallèle*: 2do le *mouvement oblique*: 3? le *mouvement contraire*.

Quand deux parties montent, ou descendent en même temps, elles suivent le *mouvement direct, semblable* ou *parallèle*.

Exemple:

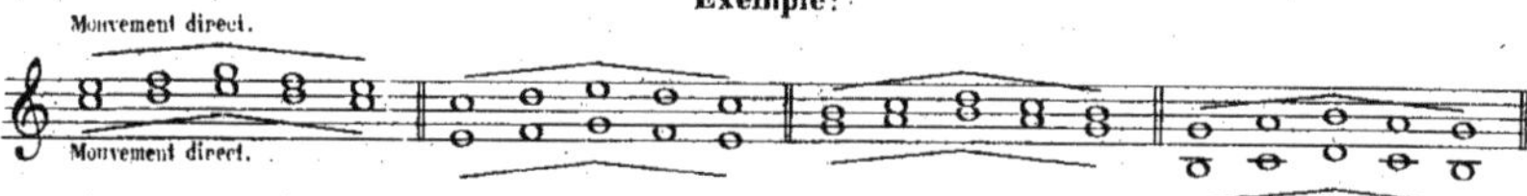

Le *mouvement* est *oblique*, quand une partie monte, ou descend, pendant que l'autre reste en place.

Exemple:

Quand une partie monte, pendant que l'autre descend, il y a *mouvement contraire*; c'est le plus riche en har_monie, et celui, par lequel on évite plus facilement les fautes.

Exemple:

Les *tierces* et les *sixtes*, peuvent se succéder, par mouvement *direct, semblable,* ou *de suite*, soit en montant, soit en descendant.

Exemple:

(1) Généralement, on compte les intervalles à l'état simple, sans avoir égard à leur redoublement, comme ici, *ut* et *mi*, ne sont considérés que com_me une tierce, quoiqu'il y ait une *dizième* qui les sépare.

(2) L'intervalle du *mi* à l'*ut* est compté comme une *sixte*, quoiqu'il soit à la distance d'une *treizième*.

Les *quintes* et les *octaves*, ne peuvent se succéder, par *mouvement direct*. Les *quintes de suite*, ou *directes*, sont mauvaises, parce qu'elles font entendre deux *tonalités* différentes; c'est-à-dire, que la partie *basse* est dans un ton, tandis que la partie *haute* est dans un autre.

Exemple:

QUINTES DE SUITE, OU DIRECTES, PAR MOUVEMENT SEMBLABLE OU PARALLÈLE.

Les *octaves directes*, ou *de suite*, sont mauvaises, parce qu'il y a absence d'harmonie; c'est une pauvreté musi_ cale, et les *tierces*, leur sont de beaucoup préférables.

Exemple:

OCTAVES DE SUITE, OU DIRECTES.

On fait des *octaves directes*, ou *de suite*, chaque fois que le petit doigt de la main droite, touche la même note que la *partie basse*, par *mouvement semblable*, comme dans l'exemple ci-dessus; ou bien, ce qui revient au même, chaque fois que les *parties extrêmes* (hautes et basses), font les mêmes notes par *mouvement semblable*, comme dans l'exemple déjà cité. On donnera plus loin, tous les exemples nécessaires, pour éviter les *octaves directes*.

On rencontre souvent des passages écrits en octaves, pour doubler une partie, afin de lui donner plus de force. Ces octaves sont permises, et sont considéréescomme unisson.

Exemple:

OCTAVES CONSIDÉRÉES COMME UNISSON.

CHAPITRE IV.

En regardant un clavier d'orgue, ou de piano, on voit *sept notes blanches; ut, ré, mi, fa, sol, la* et *si;* et *cinq noires*, qui sont comme enclavées, dans les *sept blanches*. Les *cinq noires*, sont des modifications des *blanches*. L'*ut*, étant haussé d'un *demi-ton*, donne *ut dièze*, 1.ᵉ *noire*; le *ré*, haussé d'un *demi-ton*, donne *ré dièze*, 2.ᵉ *noire*; la distance du *mi* au *fa*, n'étant que d'un *demi-ton*, il n'y a pas de *dièze* qui les sépare. (Quand le *mi* est *dièze*, il prend la place du *fa* naturel.) Le *fa*, haussé d'un *demi-ton*, donne *fa dièze*, 3.ᵉ *noire*; le *sol*, haussé d'un *demi-ton*, donne *sol dièze*, 4.ᵉ *noire*; le *la*, haussé d'un *demi-ton*, donne *la dièze*, 5.ᵉ *noire*; du *si* à l'*ut*, il n'y a qu'un *demi-ton*. (Quand le *si* est *dièze*, il prend la place de l'*ut* naturel.)

En descendant la même *gamme*, toutes les notes qui ont été *diézées*, deviennent *bémolisées*, et se nomment ainsi: *ut, si, si bémol, la, la bémol, sol, sol bémol, fa*, (Quand le *fa* est *bémol*, il prend la place du *mi*, naturel.) *mi, mi bémol, ré, ré bémol, et ut*. (Quand l'*ut* est *bémol*, il prend la place du *si* naturel.)

On vient de voir, qu'une gamme se compose de *sept notes blanches*, et de *cinq noires; ce* qui fait *douze notes*, qui se répètent autant de fois, qu'il y a d'*octaves* au clavier.

Chacune des *douze notes*, dont se compose une *octave*, peut servir de point de départ pour former une *gamme majeure*, semblable à celle expliquée au chapitre 1.ᵉʳ; et pour établir le même ordre, dans la succession des *tons* et des *demi-tons*, on a inventé le *dièze*, pour monter, et le *bémol*, pour descendre. On trouve, par ce moyen, *douze gammes majeures*.

Chacune de ces *douze gammes majeures*, peut devenir *mineure*, en baissant d'un *demi-ton*, la *tierce* ou *troisième degré*, ce qui fait encore *douze gammes mineures*, et par conséquent, élève au nombre de *vingt-quatre*, toutes les *gammes*, dont se compose la musique.

Il y a donc *vingt-quatre tons* en musique, *douze majeurs et douze mineurs*.

On connaît un *ton*, par l'*accord parfait*.

L'*accord parfait*, est composé de la *tierce* et de la *quinte*, ou de deux *tierces superposées*.

Il y a deux *accords parfaits; l'accord parfait majeur* et l'*accord parfait mineur*.

Quand la *tierce* est *majeure*, l'*accord parfait* est *majeur*.

Quand la *tierce* est *mineure*, l'*accord parfait* est *mineur*.

La *tierce majeure*, se compose de *deux tons*, ou de *quatre demi-tons;* elle exprime la joie.

La *tierce mineure*, se compose d'un *ton et demi*, ou de *trois demi-tons;* elle exprime la tristesse.

Exemple:

On comptera au clavier les *quatre demi-tons* de la *tierce majeure*, 1.ᵉʳ *exemple;* ensuite, au moyen d'un *bémol*, (♭) on baissera le *mi*, d'un *demi-ton*, pour rendre la *tierce mineure*, 2.ᵉ *exemple;* en ajoutant la *quinte, sol*, à l'une des *deux tierces*, on obtient l'*accord parfait majeur*, avec la *tierce majeure*, 3.ᵉ *exemple*, et l'*accord parfait mineur*, avec la *tierce mineure*, 4.ᵉ *exemple*.

L'accord parfait étant composé de *trois notes*, a *trois positions*.

On change la *position* d'un accord, en transportant *sa note grave, une octave plus haut*, sans déplacer la note *fondamentale* ou *tonique*.

Exemple

des trois positions de l'accord parfait majeur, et des trois positions de l'accord parfait mineur.

L'accord parfait a aussi *deux renversements*, qu'il ne faut pas confondre avec ses *trois positions*.

L'accord parfait, est à la 1re *position*, ou à son état naturel, quand la *tonique* est la note *la plus grave* de l'accord, et que l'on rencontre *la tierce et la quinte*; il est à son 1er *renversement*, quand la *tierce* est la note *la plus grave*, et à son *deuxième*, quand c'est *la quinte*.

Exemple :

Le *renversement* d'un *accord*, dépend donc exclusivement de *la position de la note la plus grave*, et non de *l'accord placé à la partie supérieure*, quelle que soit sa position, comme à l'exemple suivant.

Exemple :

1re position de l'accord parfait, à la main droite.   2e position de l'accord parfait.   3e position de l'accord parfait.

L'accord parfait suivant, dans ses trois positions, est chiffré et considéré en harmonie comme celui de l'exemple précédent parceque ses notes graves sont semblables à celles de l'exemple précédent.

CHAPITRE V.

DE LA SEPTIÈME DOMINANTE.

L'accord de *septième dominante*, est composé d'une *tierce majeure*, d'une *quinte parfaite* et d'une *septième mineure*. Il est ainsi nommé, parce qu'on le place sur la *dominante*. On le chiffre par $\frac{7}{5}$ ou 7.

Exemple :

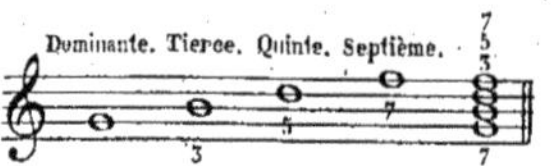

On obtient une *septième dominante*, en ajoutant une *tierce mineure*, au dessus de la *quinte* de tout *accord parfait majeur*.

Exemple :

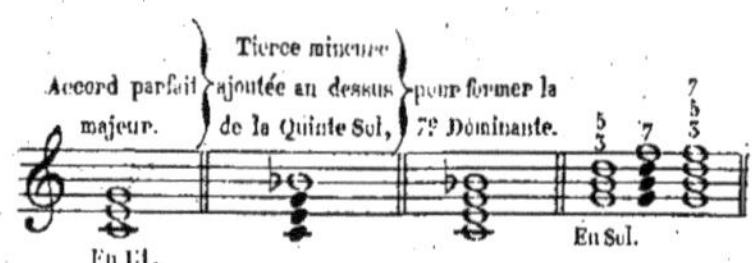

Cet accord, étant composé de *quatre notes*, a *quatre positions*. (Voir les positions d'un accord, page 7.)

Exemple :

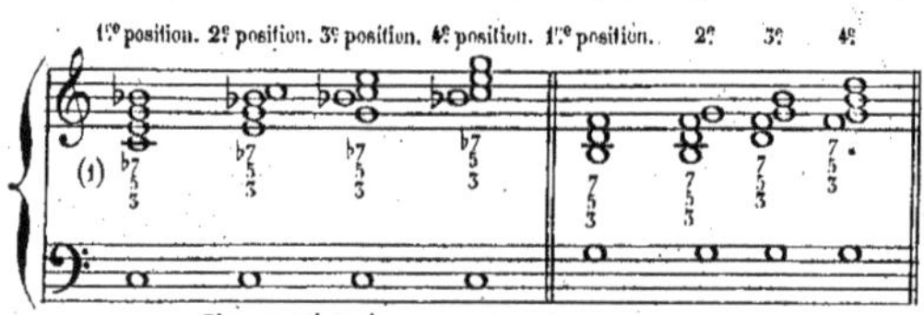

Il a aussi trois renversements.
(Voir les renversements d'un accord, page 7.)

Exemple :

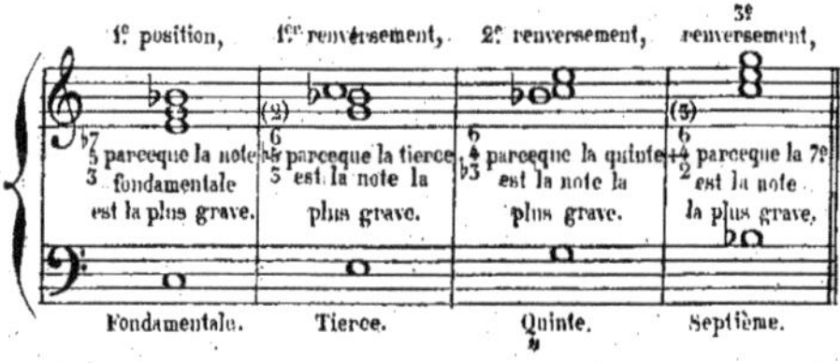

(1) Quand un *intervalle* est *altéré* d'un ♭ ou d'un ♯, on place ce ♭, ou ce ♯, à côté du chiffre qui représente l'*intervalle altéré*.
(2) Un *chiffre barré* (⑤), indique un *intervalle diminué*. Il faudrait que le SI fut ♮, pour avoir la *quinte parfaite*; la *quinte* étant ici plus petite d'un demi-ton, on la nomme *quinte diminuée*.
(3) La *croix* (+), à côté d'un chiffre, indique un intervalle *augmenté*, ou la note *sensible*. Il faudrait que le *mi* fut ♭, pour avoir la *quarte juste*; étant ici plus grande d'un *demi-ton*, on la nomme *quarte augmentée*. Elle est en même temps *note sensible*, et doit se *résoudre* sur le *fa*, un *demi-ton plus haut*.

RENVERSEMENTS DE L'ACCORD DE SEPTIÈME DOMINANTE, D'APRÈS SES QUATRE POSITIONS.

Exemple:

1.re position à la main droite.   2.me position id.   3.me position id.   4.me position id. [1]

L'accord de *septième dominante*, étant un *accord dissonnant*, demande *une résolution*. Il se *résout* ordinai_rement sur *la tonique* des *deux modes, majeur* et *mineur*.

La *septième*, qui est *dissonnante*, se *résout* en *descendant* d'une *seconde*, et devient la *tierce* de l'accord de la *tonique*.

La *tierce*, qui est la note *sensible*, se *résout* toujours sur la *tonique*, en *montant d'un degré*.

La *dominante*, peut à volonté, *monter* ou *descendre* sur la *tonique*, cette *résolution* se nomme *cadence parfaite*.

Exemple:

Ici finit ce petit Traité d'*Harmonie*; il suffit pour expliquer tous les accords contenus dans la Méthode de Plain-Chant, **Système Nouveau**.

Tous les exemples que nous citerons, seront pris dans la Méthode; l'élève, les possédant d'avance, comprendra sans peine toutes les explications qui lui seront données.

Nous avons crû devoir aussi faire connaître, dans cet ouvrage, les différentes positions et renversements de l'accord parfait et de septième dominante, afin que l'élève puisse faire quelques modulations simples, en dehors de l'accompa_gnement du Plain-Chant, qui n'admet en principe, que l'accord parfait et celui de sixte, son 1.er renversement.

Plusieurs artistes emploient aussi le 2.e renversement de l'accord parfait; l'accord de $\frac{6}{4}$, surtout pour les terminai_sons des phrases; d'autres se permettent aussi en pareil cas, la 7.e dominante.

Nous commencerons par expliquer le système par phrases musicales, comme le plus utile et le plus facile; ensuite nous ferons voir, comment on accompagne ces phrases, par le système mixte, ou par le système homogène, en obser_vant les accords des *finales* et des *dominantes* pour chaque *mode* ou *ton*.

---

(1) L'accord de septième dominante, dans ses quatre positions est chiffré et considéré en harmonie comme celui de l'exemple précédent parce que ses notes graves sont semblables à celles de l'exemple précédent.

APPLICATION

DE NOTRE TRAITÉ D'HARMONIE AU SYSTÈME NOUVEAU

POUR ACCOMPAGNER TOUT PLAIN-CHANT A 1ᵉ VUE EN SIX LEÇONS.

MANIÈRE DE CONNAÎTRE LE TON DE TOUTES LES PHRASES DE PLAIN-CHANT.

On a vu au chapitre II, page 3, (¹) que la TIERCE ne suffit pas toujours pour faire connaître le TON d'une MA-NIÈRE CERTAINE, et que très souvent on est obligé de chercher LA QUINTE pour s'en assurer; il est évident que si LA PHRASE ne s'étend pas au delà de LA TIERCE, comme cela arrive très souvent dans le Plain-Chant, LA TIERCE fait loi.

1ʳᵉ FORMULE, VIᵉ TON EN FA MAJEUR.

Dont la tierce est, FA, LA, et la quinte, UT, formant l'accord parfait, FA, LA, UT. (Voir le Système Nouveau, page 2.)

EXEMPLES

TIRÉS D'UN CERTAIN NOMBRE DE PHRASES QUI NE SONT COMPOSÉES QUE *D'UNE TIERCE,* ou *D'UNE QUARTE, ET QUELQUEFOIS D'UNE QUINTE.*

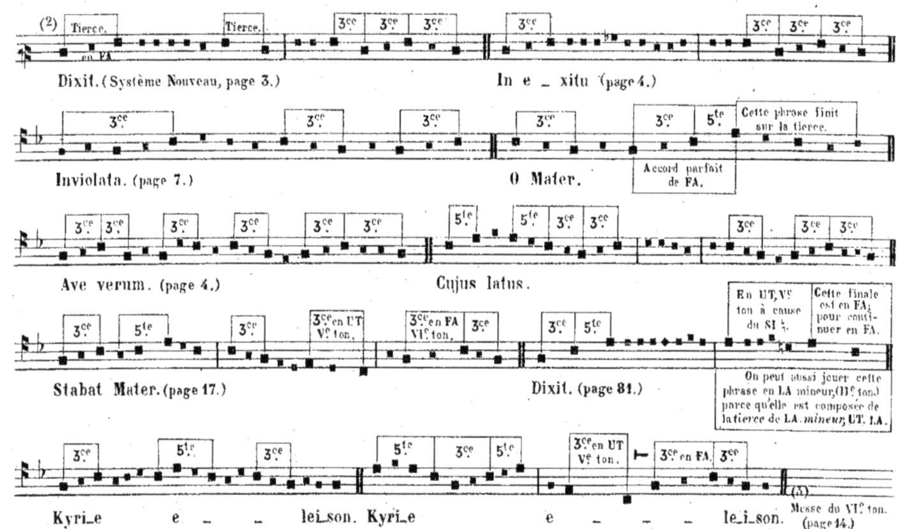

Chaque fois qu'on rencontre des TIERCES en Fa, FA, LA, on joue en Fa, (VIᵉ ton.) Et si la quinte UT se présente, LE TON de la PHRASE ou du morceau est parfaitement connu, il est en Fa; comme aux exemples CUJUS LATUS, STABAT MA-TER, DIXIT et aux deux KYRIE suivants.

(¹) De notre Traité Élémentaire d'Harmonie.
(²) Les grosses notes indiquent la TONIQUE, la TIERCE et la QUINTE de chaque phrase, les petites ne sont que des notes de pas-sage, sans valeur en harmonie.
(³) Dans toute cette Messe, on rencontre la TIERCE et la QUINTE en FA, (VIᵉ ton,) et quelquefois la TIERCE en UT. (Vᵉ ton.) Cette Messe est donc en FA et en UT (VIᵉ et Vᵉ ton). Voir notre Traité d'Harmonie, pour la théorie des accords, de la page 2 à 7.　　C. L. H. 40.

2.ᵉ FORMULE, V.ᵉ TON EN UT MAJEUR.

Dont la tierce est, UT, MI, et la quinte, SOL; accord parfait, UT, MI, SOL. (Voir le Système Nouveau, page 8.)

EXEMPLES TIRÉS DE QUELQUES MORCEAUX,

dont certaines phrases sont en FA,(VI.ᵉ ton.) et d'autres en UT,(V.ᵉ ton.) ce que l'on reconnait très facilement,en cherchant d'abord dans la 1.ʳᵉ PHRASE, l'ACCORD PARFAIT, et à son défaut, LA TIERCE.

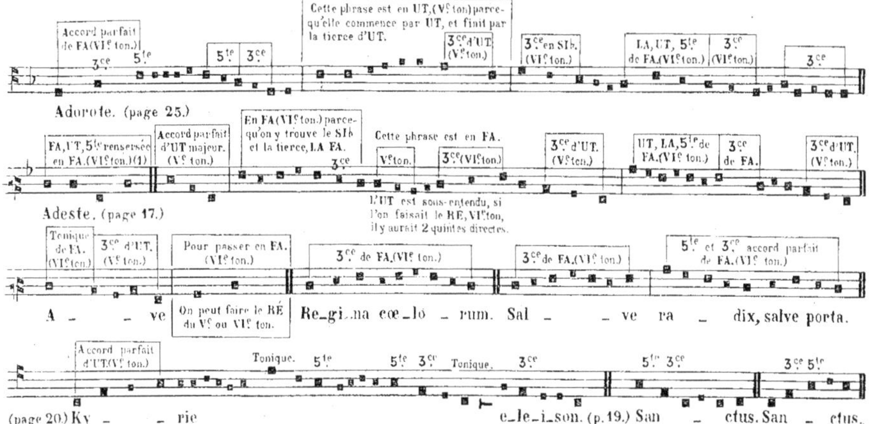

3.ᵉ FORMULE, VIII.ᵉ TON, EN SOL MAJEUR.

Dont la tierce est SOL, SI, et la quinte RÉ, formant l'accord parfait SOL, SI, RÉ. (Voir le Système Nouveau, page 18.)

EXEMPLES

TIRÉS DE QUELQUES MORCEAUX, DONT CERTAINES PHRASES SONT EN UT,(V.ᵉ TON) ET D'AUTRES EN SOL.(VIII.ᵉ TON.)

On continuera toujours à chercher dès la 1.ʳᵉ phrase, l'accord parfait, et à son défaut, la tierce.

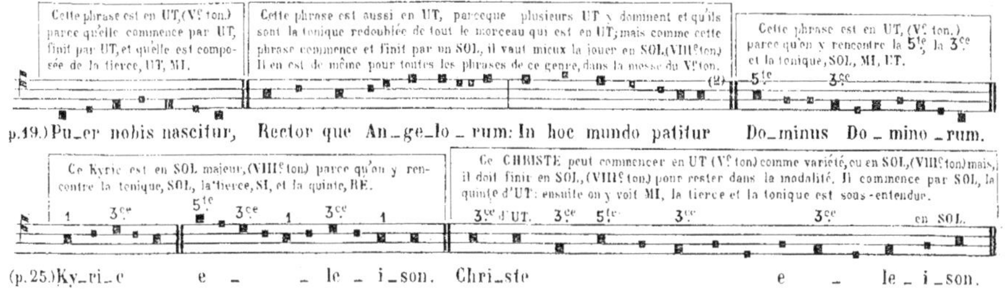

Ce morceau étant du VIII.ᵉ TON, on est obligé de le commencer et de le finir dans le VIII.ᵉ TON en SOL; mais, comme il s'y rencontre une TIERCE en FA au mot PEC-CA-TA, il faut y employer le VI.ᵉ TON en FA, en ayant soin de ne pas faire l'accord du LA VIII.ᵉ TON, afin d'éviter le choc de son FA# avec le FA♮ suivant.

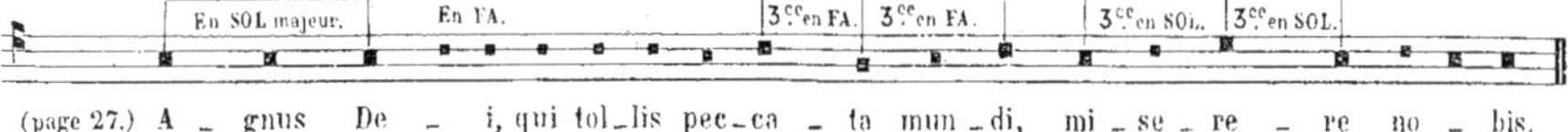

(1) Voir les intervalles renversés.(page 3, au Traité d'Harmonie.)

(2) On remarquera que l'harmonie de SI,UT et RÉ est la même dans la formule du VIII.ᵉ ton que dans celle du V.ᵉ ton; il n'y a de différence, que l'octave de la main gauche, que l'on déplace, afin d'éviter les trop grands mouvements de cette main. La formule du VIII.ᵉ ton est donc en SOL et en UT.

4.ᵉ **FORMULE**, 1ᵉʳ TON EN RÉ MINEUR.
(Voir le Système Nouveau, page 36.)

Dont la tierce est, RÉ, FA, la quinte, LA, formant, RÉ, FA, LA, accord parfait de RÉ mineur. (1ᵉʳ ton.)

Le 1ᵉʳ ton est généralement composé de phrases en RÉ MINEUR, en FA MAJEUR, et quelquefois en LA MINEUR.

On cherchera toujours dès la 1ʳᵉ phrase, l'ACCORD PARFAIT, et à son défaut, LA TIERCE.

On aura soin aussi de terminer en RÉ MINEUR tout morceau du 1ᵉʳ ton.

EXEMPLES TIRÉS DE QUELQUES MORCEAUX DU 1ᵉʳ TON,
DONT CERTAINES PHRASES SONT EN RÉ MINEUR (1ᵉʳ TON) ET D'AUTRES EN FA (VIᵉ TON.)

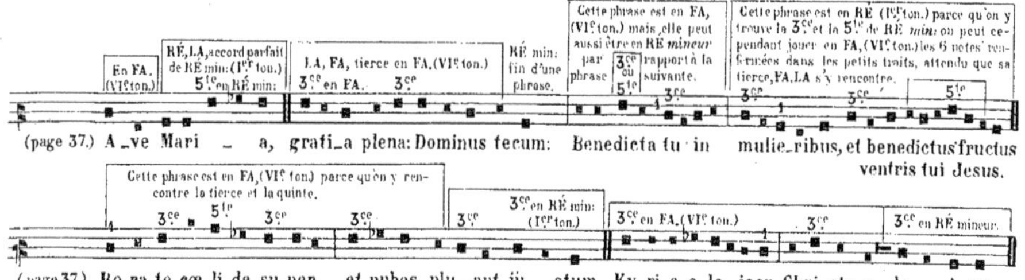

5.ᵉ **FORMULE**, IIᵉ TON EN LA MINEUR.
(Voir le Système Nouveau, page 38.)

Dont la tierce est LA, UT, la quinte MI, formant LA, UT, MI, accord parfait de LA mineur. (IIᵉ ton.)

Le IIᵉ ton est généralement composé de phrases en RÉ MINEUR, en FA MAJEUR, et en LA MINEUR; celles en LA MINEUR s'y rencontrent particulièrement quand il est MIXTE.

On cherchera toujours dès la 1ʳᵉ phrase, l'ACCORD PARFAIT, et à son défaut, LA TIERCE.

Tous les morceaux du IIᵉ ton se terminent en RÉ MINEUR, comme ceux du 1ᵉʳ et ils ont FA pour DOMINANTE.

EXEMPLES TIRÉS DE QUELQUES MORCEAUX DU IIᵉ TON,
AYANT DES PHRASES EN RÉ MINEUR, (1ᵉʳ TON.) EN FA, (VIᵉ TON.) ET EN LA MINEUR. (IIᵉ TON.)

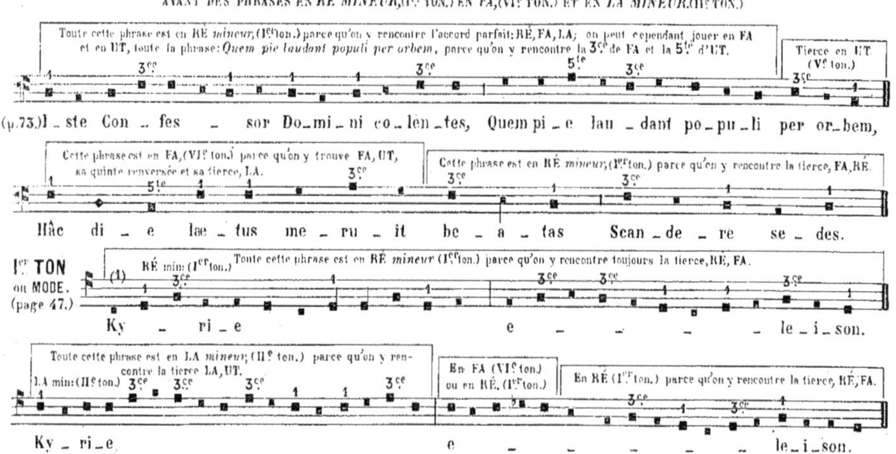

(1) Quand un morceau du 1ᵉʳ ou du IIᵉ ton commence par un UT, on ne doit pas jouer l'accord d'UT (Vᵉ ton) sur cette note, mais bien celui de l'UT en FA, (VIᵉ ton.) afin de pouvoir de suite après cet accord, faire entendre le ton de RÉ mineur, qui marque le caractère du 1ᵉʳ et du IIᵉ mode.

6ᵉ **FORMULE,** IIIᵉ **TON EN MI MINEUR ET EN LA MINEUR.**
(Voir le Système Nouveau, page 44.)

On rencontre souvent dans ce mode, des phrases qui ne sont composées que de LA TIERCE de MI MINEUR, MI, SOL, et de LA TIERCE de LA MINEUR, LA, UT; c'est pourquoi la 6ᵉ FORMULE renferme ces deux tierces; (Voir la 6ᵉ Leçon du Système Nouveau.) le Te Deum en donne un exemple.

Le IIIᵉ ton est généralement composé de phrases en MI MINEUR, (IIIᵉ ton.) en LA MINEUR, (IIᵉ ton.) en SOL, (VIIIᵉ ton.) et quelquefois on en rencontre en FA, (VIᵉ ton.) en UT, (Vᵉ ton.) et même en RÉ MINEUR; (1ᵉʳ ton.) mais il finit toujours par un MI, que l'on fait MINEUR pour avoir le système HOMOGÈNE, et MAJEUR pour avoir le système MIXTE.

On cherchera toujours dès la 1ᵉʳ phrase, l'accord parfait, et à son défaut, la tierce.

EXEMPLES TIRÉS DE QUELQUES MORCEAUX DU IIIᵉ TON,

AYANT DES PHRASES EN *MI MINEUR,* (IIIᵉ TON.) EN *LA MINEUR,* (IIᵉ TON.) EN *SOL,* (VIIIᵉ TON.)

EN *FA,* (VIᵉ TON.) EN *RÉ MINEUR,* (1ᵉʳ TON.) ET EN *UT.* (Vᵉ TON.)

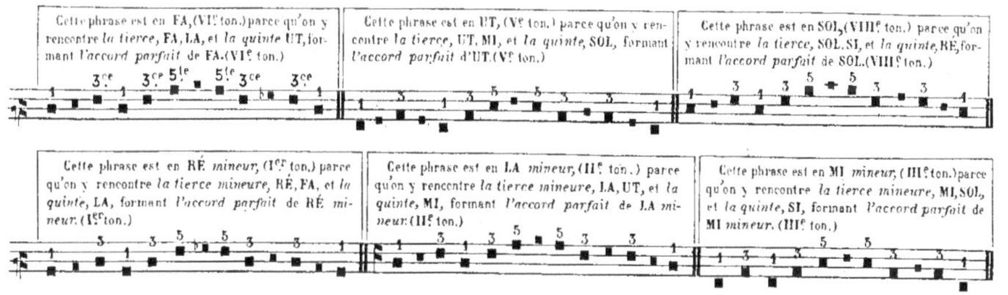

RÉCAPITULATION

DE TOUTES LES **PHRASES** DE PLAIN-CHANT QUI VIENNENT D'ÊTRE EXPLIQUÉES,

LES SEULES QUE L'ON RENCONTRE DANS LE *PLAIN-CHANT.*

Maintenant qu'on sait distinguer par l'ACCORD PARFAIT, le TON de TOUTES LES PHRASES de Plain-Chant, il est très facile d'y appliquer une HARMONIE d'après ces PHRASES comme nous venons de l'indiquer; mais pour la plupart, cet accompagnement ne suffit pas, et l'on voudrait des accords variés, comme le font les meilleurs organistes.

C'est pour atteindre ce but, que nous avons ajouté une troisième partie à notre Méthode SYSTÈME-NOUVEAU. On trouve dans cette troisième partie des accompagnements très variés dans tous les tons du Plain-Chant d'après le système homogène et le système myxte.

Nous commençons cette 3ᵉ partie, en donnant un tableau des accords fondamentaux pour l'accompagnement des 8 modes du Plain-Chant, d'après ces deux systèmes.

DES MAUVAISES RELATIONS.

On ne peut jamais jouer successivement, les accords suivants: *Mi, Ut,* 1er. ton; *La, Fa,* 8e. ton; *Si, Sol,* 2e. ton; et *La,* 8e ton, précédé ou suivi de *Fa,* 6e. ton, ce qui produirait de mauvaises relations.

Exemples:

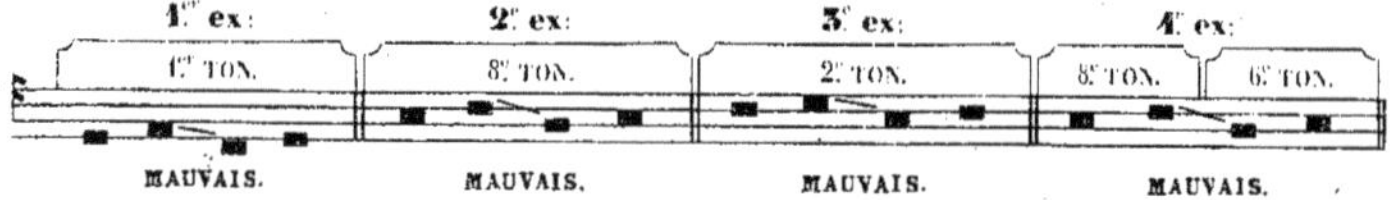

Au 1er. exemple, l'accord du *Mi* 1er. *ton* est mauvais, à cause du choc de son Ut ♯, avec l'Ut ♮ suivant.

Au 2e. exemple, l'accord du *La* 8e. *ton* est mauvais, à cause du choc de son Fa ♯, avec le Fa ♮ suivant.

Au 3e. exemple, l'accord du *Si* 2e. *ton* est mauvais, à cause du choc de son Sol ♯, avec le Sol ♮ suivant.

Au 4e. exemple, l'accord du *La* 8e. *ton* est mauvais, à cause du choc de son Fa ♯, avec le Fa ♮ suivant, comme au 2e. exemple.

Quand *un seul accord* sépare *la mauvaise relation,* elle n'existe plus, et l'on peut jouer *du 1er ton,* les notes suivantes: *Ré, Mi, Ré, Ut, Ré; du* 8e, les notes *Sol, La, Sol, Fa, Sol; du* 2e, les notes *La, Si, La, Sol, La;* mais l'effet en est *dur* et peu agréable, attendu que dans le 1er. *exemple,* on a encore le souvenir de *l'Ut* ♯ dans l'accord du *Mi* 1er. *ton,* quand on arrive à *l'Ut* ♮, quoiqu'il y ait *une note* de séparation. Il en est de même pour le 2e. et le 3e. *exemple.* S'il y avait plusieurs notes qui séparassent le *Mi,* de *l'Ut* (1er. exemple) il n'y aurait aucun inconvénient à les faire du 1er. *ton,* attendu que *l'Ut* ♯, n'étant plus présent à l'oreille, ne saurait la choquer, en exécutant *Ut* ♮ trois ou quatre accords plus loin. La même règle s'applique au 2e, au 3e, et au 4e. exemple. Il est encore plus parfait de se servir, dans *le* 1er. *ton,* du *Mi,* 5e. *ton,* chaque fois qu'on a un *Ut* ♮ plus loin, afin d'éviter *le dièze.*

Exemples:

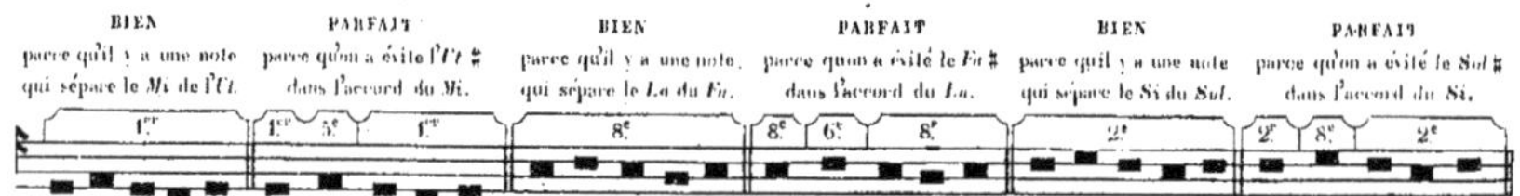

Chaque fois que dans l'harmonie on rencontre un dièze on doit le *faire monter* d'un *demi-ton,* comme *Fa* ♯, *Sol,* dans *La, Si. Ut* ♯, *Ré,* dans *Mi, Fa; Sol* ♯, *La,* dans *Si, Ut. Ré* ♯, *Mi,* dans *Si* et *Si.*

Exemples:

On voit par ces exemples, qu'en faisant *monter* le dièze d'un *demi-ton*, il ne peut y avoir de *mauvaises relations;* mais si au lieu de le faire *monter* d'un *demi-ton*, on le fait *baisser*, comme aux exemples suivants, il y a *fausse relation*, ou *mauvaise relation*.

Exemples:

Le 1.er *exemple* est mauvais, parce que le *Fa* ♯, au lieu de monter sur le *Sol* un demi-ton plus haut, des_cend sur l'*Ut plus bas*, et la 1.ere partie, (le *La*), vient sans aucune raison faire entendre un *Fa* ♮, ce qui produit un choc désagréable, un désordre harmonique, enfin une *mauvaise relation*, à cause du *Fa* ♯ précédent.

La même règle est applicable au 2.e *exemple*, où le *Sol* ♯, devrait monter sur le *La*, un *demi-ton* plus haut, et au 3.e *exemple*, ou l'*Ut* ♯, devrait monter sur le *Ré*, un *demi-ton* plus haut.

Autres Exemples de mauvaises relations.

Le 1.er *exemple* est mauvais, parce que le *Fa* ♯, du 1.er *accord*, ne peut avoir aucun rapport, avec le *Fa* ♮, du *second;* et ce *Fa* ♮, ne peut en avoir, avec le *Mi* du *troisième;* ces trois notes devraient se succéder par *demi-tons conjoints* comme au 3.e *exemple*, donc, il y a *mauvaises relations*.

Le 2.e *exemple* est mauvais, parce que le *Si naturel*, en haut, pour la même raison, ne peut s'harmoniser avec le *Si* ♭ en bas, ils n'ont aucune liaison possible, mais les *deux derniers accords* sont *bons*, parce que, *Sol* et *Fa* ♯, *Si* ♭ et *La* ♮ se succèdent *d'une manière conjointe*.

Quand on tient *une*, ou *plusieurs parties* d'un *accord*, on peut faire marcher les autres parties, sans craindre les *mauvaises relations*. On verra cette petite ligne ─── qui indiquera les *notes communes* qui lient les accords entre eux.

Exemples:

Le 1.er *exemple* est *bon*, parce que la partie: *La, La, La*, reste *stationnaire* pendant que l'on fait enten_dre, *Fa* ♯ *Fa* ♮ et *Mi*.

Le 2.e *exemple* est *bon*, parce que les *deux accords* étant semblables, on peut leur faire parcourir *toute l'étendue du clavier*.

Au 3.e *exemple*, les accords de *la main droite* sont bons; mais la partie de la *main gauche*, ne l'est pas, vu qu'on *déplace* le *Ré*, pour faire un *Fa* ♮, qui produit une *mauvaise relation* avec le *Fa* ♯, qui vient *d'être entendu* à *la main droite;* il faudrait que *la main gauche* fît *Ré, Ré, La*.

Le 4.e *exemple* est *bon*, parce que la *main droite* fait entendre: *Si, Si* ♭ et *La*, sans *déplacer* la partie *Ré, Ré, Ré*.

Le 5.e et le 6.e *exemple* sont *bons*, parce que les accords *de la main droite*, sont les mêmes, à *différentes positions*.

Suite d'accords liés par deux notes communes.

Le *mouvement contraire* étant le plus riche en harmonie, il faut de préférence y recourir; de plus, c'est celui par lequel on évite plus facilement les fautes. (Voir les trois mouvements page 4.)

Exemple:

MOUVEMENT DIRECT.

Les sixtes et les tierces peuvent se succéder par le mouvement direct. (Voir page 4)

Exemple:

Les *octaves* peuvent aussi *se succéder* par le *mouvement direct*, dans *un seul cas*; c'est lorsqu'elles sont considérées comme *unisson*, ce qui arrive, quand on fait le chant *en octaves*, à *la main droite*, afin de lui donner plus de force; ou bien, quand on double *la basse*, en faisant *des octaves à la main gauche*, en ayant soin de ne pas avoir *les mêmes notes*, à la *partie supérieure de la main droite*. Dans tout autre cas les *octaves directes* sont *défendues*.

Exemple:

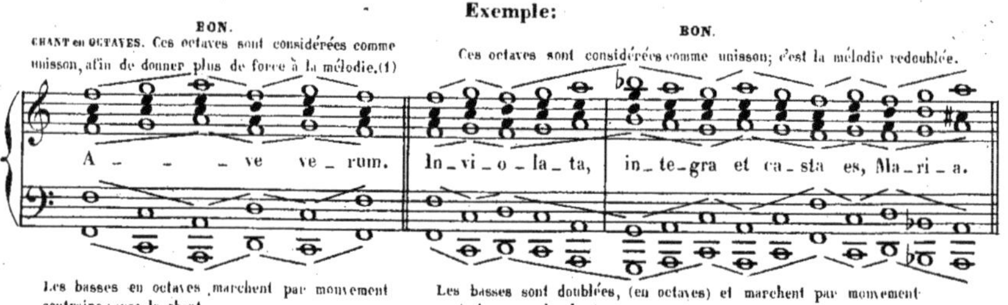

(1) Lorsque l'accompagnement n'est composé que *de deux*, *trois* ou *quatre parties*, les octaves de suite sont *défendues*, non parce qu'elles choquent l'oreille, mais parce qu'elle ne produisent que *peu d'harmonie*; en effet *les tierces* et *les sixtes* leur sont bien préférables; mais quand on emploie dans l'accompagnement, *six*, *sept* ou *huit parties*, ces règles disparaissent, et deviennent même impossibles.

DES QUINTES ET DES OCTAVES DIRECTES, ou DE SUITE.

On fait des quintes et des octaves directes, ou de suite, lorsque le petit doigt de la main gauche et celui de la main droite montent ou descendent en même temps d'un même nombre de degrés.[1]

On verra ci-après, dans les *six leçons* de la *Méthode*, les fautes que l'on peut faire en employant ces mauvaises successions d'accords; ces fautes se trouvent aux deux portées marquées du N°.1, on les évite en se servant de l'harmonie correspondante aux deux portées au dessous marquées du N°.2.

TABLEAU SYNOPTIQUE
Pour éviter les Quintes et les Octaves directes
que l'on peut faire dans les six leçons de la Méthode.

1.ère LEÇON.

N°.1. Mauvais.

(1) Quand deux accords parfaits se suivent par le mouvement direct, soit à la 1.ère position, ou à la 2.e ou à la 3.e, il en résulte des quintes et des octaves directes ou de suite. Tous les accords parfaits des 6 *leçons*, au N°.1, se suivent *deux par deux*, à la 2.e position, c'est donc autant de quintes et d'octaves directes. Afin qu'on sache parfaitement reconnaître ces fautes, qu'il faut absolument éviter, nous les avons indiquées par de petites lignes et des points, aux cinq premiers exemples de la 1.ère leçon.

18

2.ᵉ LEÇON.
N.º 1. Mauvais.

N.º 2. Bon.
2.ᵉ P. | 1.ʳᵉ P. | 1.ᵉʳ renversement. | 2.ᵉ P. | 2.ᵉ P. | 1.ᵉ P. | 2.ᵉ P. | 3.ᵉ P. | 2.ᵉ P. | 3.ᵉ P. | 2.ᵉ P. | 3.ᵉ P.
5 | ou 1 | 5 | 2 | 5 | 1 | 5 | 3 | 5 | 5 ou 6
6. | 7. | 8. | 9. | 10. | 11.

3.ᵉ LEÇON.
N.º 1. Mauvais.

N.º 2. Bon.
12. | 13. | 14. | 15. | 16. | 17. | 18. | 19. | 20.

4ᵉ LEÇON.

Nᵒ 1. Mauvais.

Nᵒ 2. Bon.

5ᵉ LEÇON.

Nᵒ 1. Mauvais.

Nᵒ 2. Bon.

6.º LEÇON.

N.º 1. Mauvais.

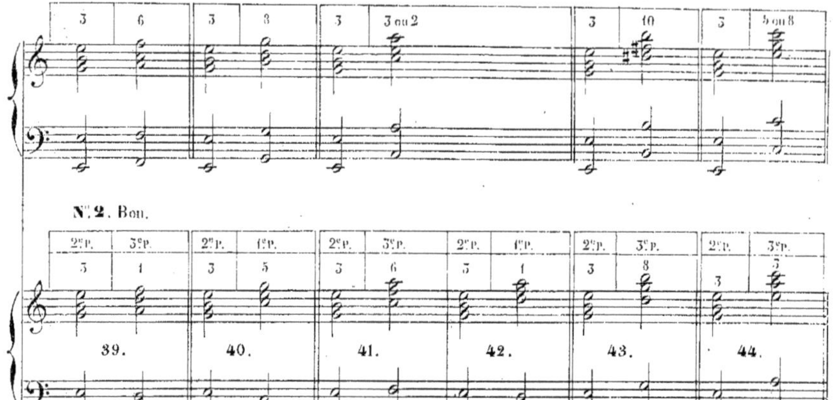

On a vu plus haut, que tous les exemples *des 6 leçons* aux deux portées marquées du N.º 1, produisent des *quintes* et des *octaves directes ou de suite*; parce que le petit doigt de la main gauche et celui de la main droite montent en même temps d'un même nombre de degrés; il y aurait les mêmes fautes, si les deux mains descendaient en
même temps d'un même nombre de degrés. On a vu comment ces fautes ont été évitées par 44 exemples corres-
pondant aux deux portées des 6 leçons marquées du N.º 2.

ANALYSE DE LA 1.ʳᵉ LEÇON, N.º 2.

Au 1.ᵉʳ exemple, la main droite monte d'une seconde, *Fa Sol*,
pendant que la main gauche descend d'une quarte, *Fa Ut*.

Au 2.ᵉ exemple, la main droite monte d'une tierce, *Fa La*,
pendant que la main gauche descend d'une tierce, *Fa Ré*.

Au 3.ᵉ exemple, la main droite monte d'une quarte, *Fa Si b*,
pendant que la main gauche monte d'une seconde, *Fa Sol*.

Au 4.ᵉ exemple, la main droite monte d'une quinte, *Fa Ut*,
pendant que la main gauche monte d'une tierce, *Fa La*.

Au 5.ᵉ exemple, la main droite monte d'une sixte, *Fa Ré*,
pendant que la main gauche monte d'une quarte, *Fa Si b*.

On a vu dans les exemples de cette 1.ʳᵉ leçon au N.º 2, qu'il ne se rencontre pas deux accords à la même position,
se suivant par le mouvement direct, soit en montant, soit en descendant: il en résulte que toutes ces successions d'accords sont bonnes. Il en est de même pour les cinq leçons suivantes.

A la 1.ʳᵉ leçon du N.º 1, les 5 exemples, et tous ceux des 6 leçons, au même N.º 1, sont mauvais, parce que les accords se suivent à la même position, (à la 2.ᵉ position) deux par deux, en montant d'un même nombre de degrés.
Ces successions d'accords produisant des quintes et des octaves directes ou de suite, sont des fautes qu'il faut éviter.

Nous avons d'abord donné dans notre Système Nouveau 77 exemples pour éviter cette faute; ces exemples
comprennent tout le tableau synoptique de la page 34 de plus, nous avons indiqué par ce signe: ⊢ dans
la 2.ᵉ et la 3.ᵉ partie, les endroits où cette faute peut se présenter. L'élève un peu attentif saura donc l'éviter,
après avoir étudié sérieusement la Méthode Système Nouveau.

EXPLICATION DE L'ACCOMPAGNEMENT DES XIV MODES DU PLAIN-CHANT.

On accompagne ordinairement le **Plain-Chant** de trois manières; par *phrases musicales*, par le *système mixte* et par le *système homogène*.

Le système par *phrases musicales*, que nous avons expliqué plus haut, est le plus facile des trois systèmes d'accompagnement; il est surtout utile quand on doit accompagner rapidement, cette harmonie vient naturelle_ment sous les doigts. Toute la 1ère partie de la Méthode Système Nouveau est harmonisée par *phrases musicales* au *dessus du chant*; dans la 2ᵉ et la 3ᵉ partie, cet accompagnement a été placé *sous le chant*. L'expérience nous a appris que l'élève le connaît parfaitement après avoir étudié toute la Méthode; ce n'est donc pas du *système par phrases musicales* que nous allons nous occuper, mais bien du *système mixte*, et du *système ho_mogène*.

Le système *mixte*, est celui dans lequel on se sert quelquefois de dièzes et de bémols dans l'harmonie; mais jamais dans la mélodie: excepté le Si♭, qui entre dans la mélodie, quand il est accidentel ou à la clé.[1]

Le système *homogène* est composé des mêmes éléments que le Plain-Chant; c'est-à-dire, qu'il n'entre dans cet accompagnement ni dièzes ni bémols, excepté le Si♭, soit accidentel ou à la clé.

La première chose que l'on doit voir en ouvrant un livre de Plain-Chant, c'est le *mode* du morceau à ac_compagner, et en quel ton est la 1ère phrase. Si l'on veut accompagner cette phrase par le système *homogène* ou par le système *mixte*, on en trouvera des modèles, pour tous les modes, dans la Méthode, *au dessus du chant*, dès la 2ᵉ partie. L'accompagnement *au dessous du chant*, est par phrases musicales dans la 2ᵉ et la 3ᵉ partie. On trouve *au dessus du chant*, une suite de lignes pointillées avec des chiffres qui indiquent la manière d'accom_pagner cette même *phrase*, par le système *homogène* ou par le système *mixte*.

On doit accompagner le Plain-Chant dans sa modalité, c'est-à-dire, que l'accord de la *finale* et celui de la *dominante* doivent se faire entendre assez souvent pour reconnaître le mode par l'accompagnement. On commen_cera donc l'accompagnement d'un mode par l'accord de la *finale* chaque fois que ce sera possible, et l'on y reviendra de temps en temps pour que l'oreille ne perde pas de vue le mode; on fera ensuite entendre l'accord de la *dominante*, assez souvent pour distinguer nettement le mode Authentique de son Plagal; on variera en_suite l'harmonie sur les autres notes, comme nous l'avons fait pour les morceaux de la 2ᵉ et de la 3ᵉ partie qu'on étudiera comme modèles.

Nous allons maintenant donner l'explication de l'accompagnement de quelques morceaux de chacun des huit modes, d'après le système *mixte* et le système *homogène*; on rencontrera même souvent les deux systèmes dans un seul morceau. Le système *mixte* étant plus facile, sera expliqué le premier.

---

(1) Le Si♭ que l'on rencontre dans le Plain-Chant, n'est qu'accidentel; si on le voit quelquefois à la clé, c'est pour des morceaux qui ont été trans_posés, afin de les mettre au diapason ordinaire de la voix: le Si♭ accidentel devient alors un Mi♭.

(Voir ces transpositions au Système Nouveau, au bas de la page XIV de la théorie du Plain-Chant.)

1ᵉʳ MODE.

AVE MARIA.

IXᵉ MODE transposé dans le 1ᵉʳ avec le SI ♭ à la clé.
(Voir le Système Nouveau page 37)

ACCOMPAGNEMENT MIXTE ET HOMOGÈNE.

Nous avons vu dans le Système nouveau que le 1ᵉʳ mode a *Ré* pour *finale* et *La* pour *dominante*, on commence donc un 1ᵉʳ *mode* en *Ré mineur*, 1ᵉʳ ton. Si c'est possible, on termine en *Ré mineur*, 1ᵉʳ ton toutes les phrases qui finissent par un *Ré*, et l'on fait entendre sur la *dominante*, l'accord de *La mineur*, si l'accompagnement est *homogène*, et celui de *La majeur* s'il est *mixte*. De cette manière, on reconnaît le 1ᵉʳ mode par son accompagnement.

Les phrases de l'Ave Maria ci-dessus, sont en *Ré mineur*, 1ᵉʳ ton et en *Fa* 6ᵉ ton. On peut commencer en *Fa majeur* 6ᵉ ton, ou en *Ré mineur* 1ᵉʳ ton, les deux premières notes :  mais la phrase :  doit être en *Ré mineur* 1ᵉʳ ton, afin de faire connaître le 1ᵉʳ *mode*; la note : (2)  doit être en *La majeur*, 9ᵉ ton, pour le système mixte, et en *La mineur* 2ᵉ ton, pour le système homogène. Cet accord marque la *dominante*. On entend une deuxième fois l'accord de la *finale*, en jouant en *Ré mineur* 1ᵉʳ ton, les trois notes :  Les quatre notes :  sont en *Fa* et en *Ut* 6ᵉ ton; mais on peut encore faire entendre sur les deux *La* l'accord de la *dominante*, comme on le voit sous le chant; on joue en *Ré mineur* 1ᵉʳ ton, la note *Fa* :  en *Ut* 5ᵉ ton, la note *Sol* : 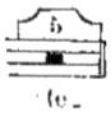 et en *Ré* 1ᵉʳ ton, la note *Ré* pour terminer la phrase par l'accord de la *finale* en *Ré mineur*. 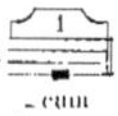 Les quatre notes :  sont en *Ut* et en *Fa* 6ᵉ ton; mais on peut encore faire entendre sur le *La*, l'accord de la *dominante* comme on le voit sous le chant. On joue ensuite en *Ré mineur* 1ᵉʳ ton, la phrase :  on peut aussi jouer en *Ut* et *Fa* 5ᵉ ton les quatre premières notes de cette phrase, comme on l'indique sous le chant. On joue en *Fa* 6ᵉ ton, la phrase : 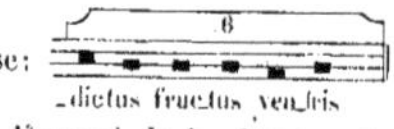 les deux notes *Sol, La* :  sont du 9ᵉ ton, pour faire entendre encore une fois l'accord de la *dominante* sur le *La*, avant de finir le morceau, qui se termine par l'accord de la *finale* en *Ré mineur* 1ᵉʳ ton.  L'accompagnement de ces deux dernières phrases est *mixte*; celui de toutes les précédentes serait *homogène*, en prenant l'harmonie indiquée sous le chant. On a entendu dans ce petit morceau de deux lignes à peine, 6 fois l'accord de la *finale*, et 4 fois celui de la *dominante*; c'est plus qu'il n'en faut pour reconnaître parfaitement le *mode* par son accompagnement.

---

(1) Cette note indique la dominante.

(2) Le système *mixte* demande le *La majeur* IXᵉ ton, sur la *dominante*; et le système *homogène*, le *La mineur* 2ᵉ ton. (Voir le paragraphe (1) au bas de la page 56 du Système Nouveau.

LITANIAE LAURETANAE.

IX.ᵉ MODE transposé dans le 1.ᵉʳ avec le Si ♭ à la clé.

ACCOMPAGNEMENT MIXTE.

Ce morceau est composé de deux phrases; la 1.ᵉʳᵉ est en *Fa* et la 2.ᵉ en *Ré mineur*. Quoique la première phrase soit en *Fa*, on doit accompagner les trois premières notes en *Ré mineur* 1.ᵉʳ ton, pour faire connaître le 1.ᵉʳ mode, dès le début: *Ky_ri_e* on joue dans le 6.ᵉ ton les trois notes: *e_le_* pour varier l'harmonie, et l'on fait entendre encore une fois l'accord de la finale en *Ré mineur* 1.ᵉʳ ton, sur les deux *Fa*. *_i_son.* Ensuite on joue en *Ut* et en *Fa* 6.ᵉ ton, les deux notes. *Chri_* On peut aussi sur le *La*, faire l'accord de la *dominante La* 2.ᵉ ton, comme on le voit sous le chant; mais alors, il faut accompagner avec le 5.ᵉ ton comme on le voit aussi sous le chant, les quatre premières notes de la phrase suivante: *_ste e_le_ i_son.* afin d'éviter deux quintes di_ rectes entre le *La* 2.ᵉ ton, et le *Sol* suivant 1.ᵉʳ ton. Ce morceau se terminera par l'accord de la finale en *Ré mineur* 1.ᵉʳ ton, sur les deux *Ré*. Cet accompagnement, avec ce petit changement, est entièrement homogène.

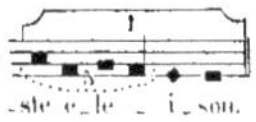

RORATE.

IX.ᵉ MODE transposé dans le 1.ᵉʳ avec le Si ♭ à la clé.

ACCOMPAGNEMENT MIXTE.

Ce morceau a la première phrase en *Fa* 6.ᵉ ton, et la deuxième en *Ré mineur* 1.ᵉʳ ton; mais étant un IX.ᵉ Mode transposé dans le 1.ᵉʳ, on le commence en *Ré mineur* 1.ᵉʳ ton, pour faire connaître le mode: *Ro_* on passe ensuite en *La majeur* 9.ᵉ ton *_ra_te* pour faire entendre la *dominante*, puis en *Ré mineur* 1.ᵉʳ ton *to_* pour avoir une deuxième fois l'accord de la finale; ensuite en *Fa majeur* 6.ᵉ ton *_li* relatif de *Ré mineur*, on fait ensuite deux accords du 1.ᵉʳ ton, l'un en *Sol mineur* et l'autre en *Ré mineur*: *de su_* pour varier l'har_ monie; après, vient une phrase en *Fa majeur* 6.ᵉ ton *_per et au_tres plu_* et l'on finit en *Ré mineur* 1.ᵉʳ ton par l'accord de la finale *_ant ju_stum.*

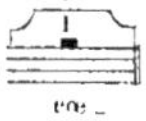

(1) On peut aussi jouer en *La mineur* 2.ᵉ ton, les deux derniers *La* de cette phrase, afin de faire entendre encore la dominante; alors on joue le *Si ♭* en *Sol mineur* 1.ᵉʳ ton afin d'éviter deux quintes directes.

VEXILLA REGIS.

IX.ᵉ MODE transposé dans le 1.ᵉʳ (page 40)

ACCOMPAGNEMENT MIXTE.

Ce morceau est composé de phrases en *Fa* 6.ᵉ ton et en *Ré mineur* 1.ᵉʳ ton. On le commence aussi en *Ré mi_neur* 1.ᵉʳ ton pour faire connaître le mode dès la première note. Ensuite on peut continuer la phrase en *Fa* 6.ᵉ ton et faire entendre une deuxième fois l'accord de la finale en *Ré mineur* 1.ᵉʳ ton : la deuxième phrase commence en *Ut* et *Fa* 6.ᵉ ton, pour se terminer par l'accord de la fi_nale, en *Ré mineur* 1.ᵉʳ ton. La 3.ᵉ phrase commence par deux *Sol* et un *La*; on joue le 1.ᵉʳ *Sol* en *Ut majeur* 5.ᵉ ton, par le mouvement contraire; le 2.ᵉ en *Sol mineur*, en sixte 9.ᵉ ton, et le *La*, en *La majeur* 9.ᵉ ton, pour faire entendre la *dominante*: et revenir sur l'accord de la finale, par les deux notes *Fa, Ré* 1.ᵉʳ ton. La 1.ʳᵉ partie de la 4.ᵉ phrase, (*mysterium*) commence en *Ut majeur* 5.ᵉ ton, pour finir en *Ré mineur* 1.ᵉʳ ton. Dans cette phrase, l'accompagnement est homogène. S'il n'y avait pas cet *Ut* à la fin de la phrase, on pourrait l'accompagner en *La majeur* et *Ré mineur* 1.ᵉʳ ton; mais l'*Ut* ♯ qu'on entendrait dans l'accord du *Mi*, aux syllabes *myste*, serait un peu trop rapproché de l'*Ut naturel*, dont il ne serait séparé que par la note *Ré*; c'est pourquoi, on l'accompagne en *Ut majeur* 5.ᵉ ton. C'est la meilleure ma_nière d'harmoniser toutes les phrases de ce genre, lesquelles sont très nombreuses dans le 1.ᵉʳ et le 9.ᵉ ton. Vient ensuite la 5.ᵉ phrase commençant par l'accord de la finale, en *Ré mineur* 1.ᵉʳ ton. On a continué en *Fa* 6.ᵉ ton, la phrase quoique la 1.ʳᵉ note fut un *Ut* afin d'éviter la monotonie. On aurait pu la continuer aussi dans le 1.ᵉʳ ton, mais cela aurait fait deux phrases de suite en *Ré mineur*, et donné moins de variété à l'accompagnement. La sixième phrase est en *Fa* 6.ᵉ ton. mais on la commence en *Ré mi_neur* 1.ᵉʳ ton, pour avoir de nouveau l'accord de la finale. Ensuite pour varier l'harmonie, on passe en *Ut* 6.ᵉ ton, en *La mineur* 2.ᵉ ton, en *Sol mineur* en sixte, par mouvement contraire 9.ᵉ ton, et en *Ut*, pour finir en *Fa* 6.ᵉ ton cette phrase, dont la basse chante autant que la partie supérieure. La septième phrase est aussi en *Fa* 6.ᵉ ton. On l'a commencée en *Ré mineur* 1.ᵉʳ ton, pour varier l'harmonie, puis on passe en *Sol mineur* et en *La majeur* 9.ᵉ ton, pour faire entendre une dernière fois l'accord de la *dominante* qui est *La majeur*, ou *La mineur*, La 9.ᵉ ou La 2.ᵉ, avant de terminer ce morceau, par la huitième et dernière phrase, en *Ré mineur* 1.ᵉʳ ton. Cette phrase commence en *Ré mineur* 1.ᵉʳ ton, ensuite on passe en *Ut* 5.ᵉ ton, afin d'éviter l'*Ut* ♯ dans l'accord du *Mi*, en *La majeur* 1.ᵉʳ ton, comme on l'a expliqué plus haut, et on la termine en *Ré mineur* 1.ᵉʳ ton par l'accord de la finale.

---

(1) On peut faire entendre l'accord de la *dominante* sur *La*, en *La mineur* 2.ᵉ ton, comme on le voit sous le chant.

(2) On a fait ici l'accord de *La mineur* 2.ᵉ ton, préférablement à celui de *La majeur* 9.ᵉ ton, parce que ce dernier a déjà été employé plus haut, pour le mot *crucis*, et qu'on s'en servira encore plus loin, au mot *morte*.

(3) On s'est servi ici de l'accord de *Sol mineur* en sixte 9.ᵉ ton, pour varier l'harmonie; celui de *Sol* 8.ᵉ ton, produirait deux quintes et deux octaves de suite.

KYRIE de DUMONT

ACCOMPAGNEMENT HOMOGÈNE, 1ᵉʳ Mode. (page 58.)

Les dix premières notes de ce morceau sont en *Ré mineur* 1ᵉʳ ton; les cinq suivantes en *La mineur* 2ᵉ ton, et les onze dernières en *Ré mineur* 1ᵉʳ ton.

On commence par l'accord de la *finale*, en *Ré mineur* 1ᵉʳ ton, les deux notes *Ré, Fa:* puis on fait l'accord d'*Ut majeur* 6ᵉ ton, sur le *Sol*, pour avoir immédiatement après, celui de la *dominante* sur les trois *La*. 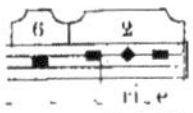 Le premier mode est dès maintenant parfaitement connu par son accompagnement.[1] Sur les deux notes *Ré, Ut*, on fait les accords du 6ᵉ ton, pour varier l'harmonie, et l'on entend de nouveau celui de la *fi_nale* sur *Ré, La*.  Ensuite sur *Ut*, on fait l'accord du 5ᵉ ton, sur *Si*, celui du 3ᵉ ton, pour éviter le dièze dans l'accord du *Si* 2ᵉ ton. On fait ensuite les accords du 5ᵉ ton sur *La, Sol*, pour entendre encore une fois celui de la *dominante* sur les deux *La*. 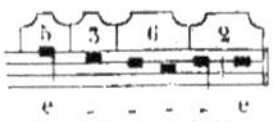 Les notes *Sol, Fa*, demandent les accords du 6ᵉ ton; la note *Mi*, celui du 2ᵉ ton, pour éviter le dièze du *Mi* 1ᵉʳ ton. On termine cette phrase par l'accord de la *finale* sur *Fa, Ré:* puis on fait les accords du 5ᵉ ton sur *Sol, Fa, Mi*, pour terminer ce *Kyrie*, par l'accord de la *finale*, sur les deux *Ré*.

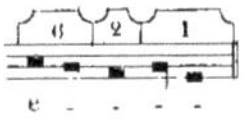

Les explications que nous venons de donner, suffisent pour comprendre l'harmonie dont on doit se servir pour ac_compagner le 1ᵉʳ mode; néanmoins, il sera très profitable à l'élève, d'analyser de la même manière, les morceaux de ce mode, que nous avons donnés pour modèles dans la 2ᵉ et la 3ᵉ partie de la *Méthode* Système Nouveau.

IIᵉ MODE.

On a vu dans l'abrégé de la théorie du Plain-Chant, (Système Nouveau, page XII.) que le 2ᵉ mode est *plagal* du 1ᵉʳ: il y a donc de l'analogie dans leur accompagnement.

Le 2ᵉ mode ayant *Ré*, pour *finale*, comme le 1ᵉʳ, on le commence comme le 1ᵉʳ mode en *Ré mineur*, si c'est possible, et on le termine en *Ré mineur* 1ᵉʳ ton, ainsi que toutes les phrases qui finissent par un *Ré*. On joue l'ac_cord de *Fa* 6ᵉ ton, sur sa *dominante Fa*, autant qu'on le peut, en ayant soin d'éviter la monotonie, en faisant d'autres accords sur ce *Fa*, s'il se répétait souvent.

Quand il est *mixte*, il a encore plus de ressemblance avec le 1ᵉʳ ton, et la partie *mixte* s'accompagne exac_tement comme au 1ᵉʳ ton, par la formule en *La mineur* 2ᵉ ton. (Voir le 2ᵉ et le 3ᵉ Kyrie du Carême, page 47 du Système Nouveau.)

Quand il commence par un *La*, on peut y faire l'accord de *La mineur* 2ᵉ ton, ou de *Fa* 6ᵉ ton, comme à l'In_troit de l'Epiphanie, page 39 et de la Fête-Dieu, page 42.

Quand il commence par un *Ut*, il faut l'accord de *Fa* 6ᵉ ton, comme au 2ᵉ et au 3ᵉ Sanctus de la messe du 2ᵉ ton, page 63.

Quand on rencontre plusieurs phrases en *Ré mineur* 1ᵉʳ ton, comme au *Libera me*, page 40, on varie l'accom_pagnement, comme au dessus du chant, en faisant entendre de temps en temps l'accord de la *finale* sur *Ré*, sur *Fa*, ou sur *La*, et l'accord de la *dominante* sur *Fa*, afin qu'on distingue le mode plagal de l'authentique.

---

[1] Voir les accords fondamentaux du 1ᵉʳ mode, au Système Nouveau page 56.

ISTE CONFESSOR.

ACCOMPAGNEMENT HOMOGÈNE, IIe Mode. (page 73.)

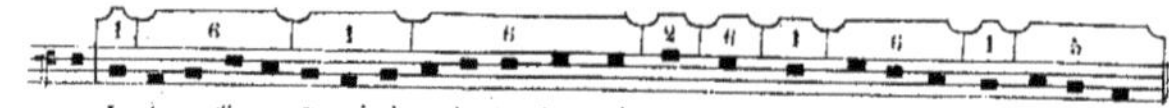

Les phrases de ce morceau sont en *Ré mineur*, en *Fa majeur* et en *Ut majeur*.

On commence par l'accord de la *finale* sur le *Ré*; puis on prend la formule du 6e ton pour faire entendre sur le *Fa*, l'accord de la *dominante*, en *Fa majeur*; on fait entendre une deuxième fois l'accord de la finale sur le *Ré*; puis on reprend encore la formule du 6e ton pour faire entendre une deuxième fois l'accord de la *dominante*. La modalité étant accusée par l'harmonie qui lui est propre, on reconnaît dès maintenant que ce morceau est du 2e mode. Sur le *La*, qui est l'extrémité de l'échelle du 2e mode, on joue l'accord du *La* 2e ton, puis sur le *Fa* suivant, on fait l'accord du *Ré mineur* 1er ton pour varier l'harmonie; ensuite on prend la formule du 6e ton pour avoir encore une fois l'accord de la *dominante* sur *Fa*, et deux notes plus loin, celui de la finale sur le *Ré*. La phrase: *per orbem*, finissant par un *Ut*, on prend la formule du 5e ton pour la terminer en *Ut*.

On revient dans la *modalité* par l'accord de la finale sur *Fa, Ré*; puis on reprend la formule du 6e ton pour a_voir sur les deux *Fa* l'accord de la *dominante*; on fait ensuite le *La* du 2e ton, le *Sol* du 6e et sur le *Fa* l'ac_cord du 1er ton, pour varier l'harmonie, même sur la *dominante*. On fait le *Mi* du 2e ton; le *Ré* du 6e pour varier aussi l'harmonie sur la *finale*. On entend une dernière fois l'accord de la *dominante* sur *Fa*, avant de terminer le morceau sur l'accord de la *finale* en *Ré mineur*. L'accord de la *finale* et celui de la *dominante*, ont été en_tendus chacun sept fois; de plus, ils ont encore été variés chacun trois fois dans le courant de ce petit morceau.

IIIe MODE.

ACCOMPAGNEMENT HOMOGÈNE ET MIXTE.

Ce mode ayant *Mi* pour *finale* et *Ut* pour *dominante*, on le commencera et on le finira en *Mi mineur* [1] autant que possible, et l'on fera l'accord d'*Ut majeur* 5e ton, ou 8e ton sur *Ut*, sa *dominante*, et l'accord de *La mineur* 2e ton, sur le *La*. Le Te Deum, page **45** peut servir de modèle pour accompagner le 3e ton.

Dans la phrase:

l'accompagnement est homogène au dessus du chant; il commence par l'accord de la *finale Mi* en *Mi mineur* 3e ton; il continue en *La mineur* 2e ton, sur le *La*, et fait entendre l'accord d'*Ut* 8e ton, sur *Ut*, sa *dominante*, pour terminer en *La mineur* 2e ton, sur le *La*. Le 2e accom_pagnement sous le chant commence aussi par l'accord de la *finale*, et finit par l'accompagnement par phrase mu_sicale. L'harmonie de: *Te Dominum confitemur*, est aussi par phrases musicales, au dessus comme au dessous du chant. L'accompagnement est homogène dans la phrase suivante: *Te aeternum Patrem*, de même que dans celle-ci:

on commence par le 6e ton, en *Fa*, pour varier; puis on continue en *La* 2e ton, pour finir en *Mi mineur* 3e ton, dans la modalité. [2] L'harmonie sous le chant, est par phrases musicales.

La phrase:

pour varier, commence, en *Ré majeur*, La 8e ton, passe en *Mi mineur*.

---

(1) On peut aussi se servir de l'accord de *Mi majeur* 4e ton, pour terminer un morceau du 3e et du 4e ton, et quelquefois même pour le commencer; on verra ces deux accompagnements dans plusieurs pièces du 3e et du 4e ton.

(2) Cet accompagnement est le plus en rapport avec la modalité du 3e mode, on trouve dans les trois premières lignes du Te Deum, quatre manières d'harmoniser cette phrase.

La mineur et *Si majeur, Sol, La, Si.* N°.10 , pour se terminer par l'accord de la *finale*, en *Mi mineur* 3°.ton. On rencontre souvent cette phrase dans le 3°.ton. Les phrases: *gloria numerari,—hereditati tuae,* finissent souvent en *Mi majeur* 4°.ton; celle: *non confundar in æternum,* finit en *Mi mineur* ou *Mi majeur* 3°. ou 4°.ton.

On remarquera que dans ce Te Deum, on trouve au choix, les trois systèmes d'accompagnements: le *système homogène;* le *système mixte,* et celui par *phrases musicales:* on y a fait entendre l'accord de la *finale,* et celui de la *dominante,* assez souvent pour reconnaître le mode par l'accompagnement.

CRUDELIS HERODES.
ACCOMPAGNEMENT HOMOGÈNE, III°. Mode. (page 75)

Les phrases de ce morceau sont en *Ré mineur* 1°.ton, en *Ut* et en *Sol* 8°. ton. Il y a aussi quelques notes en *La mineur* 2°.ton, et quelques autres en *Fa majeur* 6°. ton. Voir cet accompagnement par phrases musicales sous le chant (page 75). Ce morceau étant du III°.mode, toutes les phrases dont il se compose, seront subor- données à la modalité du Plain-Chant, afin de reconnaître le mode par l'accompagnement.

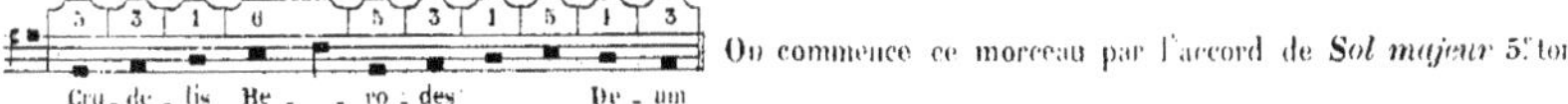

On commence ce morceau par l'accord de *Sol majeur* 5°.ton sur le *Ré,* pour entendre immédiatement sur le *Mi* suivant, l'accord de la *finale* en *Mi mineur* 3°.ton. On joue le *Fa* du 1°.ton: *Sol, La* du 6°.,et l'on recommence de la même manière la phrase presque semblable sur: *ro_des,* pour avoir une deuxième fois l'accord de la *finale* sur la note *Mi,* et une troisième fois en terminant la phrase sur *De_um.*

On fait ensuite les accords du 6°.ton, sur *Sol, La,* au mot *Re_gem,* pour avoir l'accord de la *dominante* sur les trois *Ut* aux syllabes: *ve_ni;* puis on revient à la formule du 3°.ton, pour finir la phrase par l'accord de la *finale* en *Mi mineur* sur les deux *Si,* au mot: *ti_mes*

Sur les deux *La,* on fait l'accord de *La mineur* 2°.ton, pour avoir une deuxième fois l'accord de la *dominante* sur les deux *Ut* au dessus des syllabes: *_ri_pit.*

On fait l'accord du *La* 2°.ton sur le *La,* pour éviter le *Fa* dièze dans l'accord du *La* 8°.ton; puis on se sert des accords du 6°.ton sur les quatre notes sui- vantes pour commencer la phrase *Ré, Fa,* en *Ré mineur,* et *Sol, La* en *Ut* et *Fa* 6°.ton.

On commence la phrase: *Qui re_gna,* comme la première du morceau, en faisant l'accord du *Sol majeur* sur la note *Ré;* celui de *Mi mineur,* l'accord de la *finale,* sur le *Mi;* ensuite on joue le *Fa* du 1°.ton; le *Sol* du 6°.ton; le *La* du 2°.ton, pour varier l'harmonie; le *Fa* du 1°.ton; le *Sol* du 5°.ton; en- core le *Fa* du 1°.ton, pour terminer ce morceau par l'accord de la *finale* sur la note *Mi,* en *Mi mineur.*

On a entendu dans ce petit morceau, neuf fois l'accord de la *finale,* et cinq fois celui de la *dominante,* tout en ayant une harmonie variée; aussi, l'oreille n'a pas perdu un seul instant le souvenir de la modalité de ce 3°. mode.

Le Kyrie des Féries du 3° mode, page **74,** commence par *Ut majeur* 8°.ton, l'accord de la *dominante,* et finit en en *La mineur* 2°.ton. Le 2° Kyrie, commence par un *La* en *Fa majeur* 6°.ton, et finit en *Mi mineur* 3°.ton. On peut à volonté, le finir en *Mi majeur* 4°.ton.

IV.ᵉ MODE.

Le **IV.ᵉ** mode étant le plagal du III.ᵉ, a, comme celui-ci, **Mi** pour *finale*; mais sa *dominante* est **La**. On le com_
mence en **Mi mineur** 3.ᵉ ton, quand la 1.ʳᵉ note est un **Mi**, ou un **Sol**; en **La mineur** 2.ᵉ ton, si la note initiale est un
Ut.(Voir le Kyrie, page 50 du Système Nouveau); en **Ré mineur** 1.ᵉʳ ton, si c'est un **Ré**.(Voir l'Introït de Pâques,
page 75.) Quand le morceau commence, comme le fragment du Gloria plus bas, par **Ré**, **Sol**, la *finale* **Mi**, étant
sous entendue entre ces deux notes, on doit les jouer en **Sol majeur** 8.ᵉ ton, parce que le ton de **Sol** est celui qui
se rapproche le plus du ton de la *finale*, qui est en **Mi mineur**. On fait l'accord de **La mineur**, sur la *dominante*
La, et celui de **Fa majeur** pour varier l'harmonie, (Voir le psaume de l'Introït de Pâques page 75.) et on le ter_
mine en **Mi mineur** 3.ᵉ ton, ainsi que toutes les phrases qui finissent par un **Mi** ou un **Sol**.[1]

GLORIA du IV.ᵉ Mode.

ACCOMPAGNEMENT HOMOGÈNE. (page 64.)

Les deux premières notes de ce morceau, pour les raisons données plus haut, demandent la formule du 8.ᵉ ton en
Sol majeur; puis on joue le deuxième **Sol** en **Ut** 6.ᵉ ton, pour avoir sur le **La** suivant, l'accord de la *dominante* en
La mineur 2.ᵉ ton; on entend une deuxième fois l'accord de la *dominante* sur le **La**, au dessus de la syllabe *pax*,
puis une troisième fois sur le **La** quatre notes plus loin; nous avons ensuite l'accord de la *finale* en **Mi mineur**,
sur les deux **Mi** aux syllabes: _ni_bus; puis on fait entendre le **Fa** du 1.ᵉʳ ton; le **Ré** du 5.ᵉ; l'**Ut** du 2.ᵉ, et encore le
Ré du 5.ᵉ, pour terminer cette phrase sur les trois **Mi**, par l'accord de la *finale* en **Mi mineur** 3.ᵉ ton.

On a entendu dans ce morceau, trois fois sur le **La** l'accord de la *dominante*; cinq fois sur le **Mi**, l'accord de la
finale. Ce 4.ᵉ mode a donc été parfaitement reconnu par l'accompagnement.

DIXIT du IV.ᵉ Mode.

ACCOMPAGNEMENT HOMOGÈNE. (page 81.)

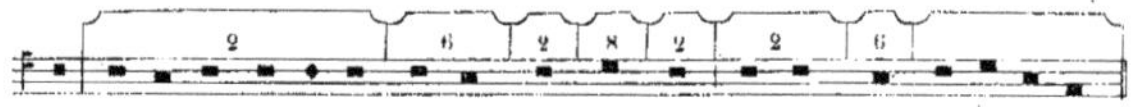

On commence ce Psaume par l'accord de la *dominante* **La**, en **La mineur** 2.ᵉ ton; on fait ensuite les accords du
6.ᵉ ton sur **La**, **Sol**, pour varier l'harmonie sur la *dominante* qu'on entend encore cinq fois avant de terminer ce mor_
ceau par l'accord de la *finale*, en **Mi mineur** 3.ᵉ ton. On aurait pu encore se servir du **La** 6.ᵉ ton, pour varier l'har_
monie sur les deux **La**, au dessus du mot: *se_de*.

V.ᵉ MODE.

Le 5.ᵉ mode a **Fa** pour *finale* et **Ut** pour *dominante*. Quand ce mode commence par un **Fa** ou un **La**, on em_
ploie l'accord de **Fa** 6.ᵉ ton; quand il commence par un **Ut**, on fait l'accord d'**Ut** 5.ᵉ ton. On se sert de l'accord
d'**Ut majeur** 5.ᵉ ou 8.ᵉ ton, sur la *dominante* **Ut**, chaque fois que cet **Ut** est précédé ou suivi d'un **Si** *naturel*, et
de l'accord de **Fa** 6.ᵉ ton, chaque fois qu'il est précédé ou suivi d'un **Si** ♭. Ce mode finit toujours par l'ac_
cord de **Fa** 6.ᵉ ton.

Le 5.ᵉ ton ressemble beaucoup à la gamme de **Fa majeur**, et quand on y rencontre le **Si** ♭ *accidentel*, la
ressemblance est parfaite.

---

[1] On termine aussi ce 4.ᵉ mode en **Mi mineur** 4.ᵉ ton. On trouvera cette finale aux hymnes *Salutis*, page 43, et *Decora lux*, page 50.

DIXIT du V.ᵉ Mode.

ACCOMPAGNEMENT HOMOGÈNE. (page 81.)

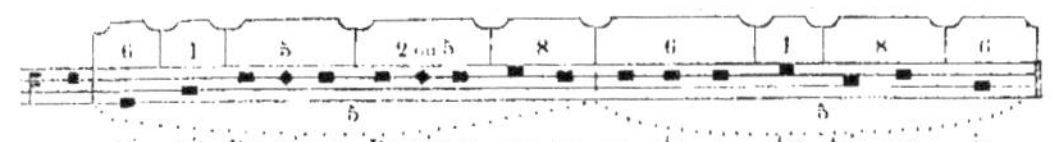

Ce morceau commence par la *finale*, avec l'accord qui lui est propre: *Fa* 6.ᵉ ton. Ensuite on fait l'accord du 1.ᵉʳ ton sur le *La* pour varier l'harmonie; on aurait pu aussi conserver l'accord du 6.ᵉ ton en *Fa* sur cette note; après on entend de suite l'accord de la *dominante* sur les trois *Ut*; on aurait pu continuer cet accord sur les trois *Ut* suivants; mais on y a ajouté aussi l'*Ut* du 2.ᵉ ton, pour varier à volonté l'harmonie; cette partie de phrase doit se terminer par l'accord de la *dominante* sur me_o, *Ré, Ut*. Les trois notes suivantes devraient être accompagnées par l'accord de la *dominante*, mais cet accord ayant été entendu déjà sept fois, nous fai_ sons sur ces trois *Ut*, l'accord de l'*Ut* 6.ᵉ ton, pour éviter la monotonie, la *dominante* ayant été suffisamment entendue. On fait l'accord du 1.ᵉʳ ton sur la note *Ré*; ceux du 8.ᵉ ton sur *Si, Ut*, et celui de la *finale* sur le *La*, en *Fa* 6.ᵉ ton, pour finir dans la *modalité*.

Ce mode est tellement facile à accompagner, que nous croyons superflu d'entrer dans d'autres détails; on remarquera que l'accompagnement du Dixit que nous venons d'expliquer, n'est pas dépourvu d'une certaine ri_ chesse d'harmonie; cependant on accompagne aussi ce morceau au moyen de la seule formule du 5.ᵉ ton: voir cette formule sous le chant. Voir page 70, *Alma* du XIII.ᵉ mode, ou V.ᵉ avec le *Si* ♭ à la clé. L'accompagnement de ce morceau est très riche au dessus du chant; cependant au dessous il est de la plus grande simplicité, il ne prend que deux formules: celle du 5.ᵉ ton et celle du 8.ᵉ.

VI.ᵉ MODE.

Le 6.ᵉ mode étant le plagal du 5.ᵉ, a la même *finale*, *Fa*; mais sa dominante est *La*. On le commence et on le finit en *Fa* 6.ᵉ ton. On doit sur sa dominante *La*, faire l'accord de *La mineur* 2.ᵉ ton. Pour varier, on emploie aussi celui de *Fa* 6.ᵉ ton, et quelquefois même celui de *Fa* 1.ᵉʳ ton.

DIXIT du VI.ᵉ Mode.

ACCOMPAGNEMENT HOMOGÈNE. (page 81.)

L'accord de la *finale Fa* 6.ᵉ ton, se fait entendre sur la première note de ce morceau; on joue ensuite celui de la *dominante* en *La mineur* 2.ᵉ ton sur les six *La* suivants; puis sur le *Sol*, on fait l'accord du *Sol* 6.ᵉ ton. On répète celui de la *dominante* sur le *La* qui vient après, et cette phrase se termine par l'accord du *Fa* 1.ᵉʳ ton. Si on la terminait dans la modalité par l'accord du *Fa* 6.ᵉ ton, la relation du *La* 2.ᵉ ton avec celle du *Fa* 6.ᵉ ton pro_ duirait deux quintes directes. (Voir cette faute au tableau synoptique au N.º 32.) On pourrait cependant finir cette phrase par l'accord de la *finale*, en faisant sur *Sol, La, Fa*, les accords du 6.ᵉ ton. On fait l'accord de la do_ minante sur les trois *La* suivants, on accompagne le *Fa* par l'accord du 1.ᵉʳ ton parce que l'on ne peut faire celui de la *finale* pour les raisons expliquées plus haut. (Voir le premier paragraphe de la page 35 au Sys_ tème Nouveau.) On joue les quatre dernières notes en *Ut* et en *Fa* 6.ᵉ ton, pour finir par l'accord de la *finale* sur le *Fa*. On aurait pu encore une fois faire l'accord de la *dominante* sur le *La*, mais cet accord ayant déjà été entendu dix fois, l'harmonie de la phrase se trouve plus variée en la terminant tout simplement par la for_ mule du 6.ᵉ ton.

L'accompagnement au dessus du chant de ce Dixit, ne manque pas non plus d'une certaine richesse d'harmonie, tandis qu'au dessous il est de la plus grande simplicité, il ne comprend que la formule du 6.ᵉ ton.

Le 6.ᵉ mode est composé à peu près des mêmes formules que son Authentique, le 5.ᵉ; il est peut-être même encore plus facile à accompagner; nous croyons donc suffisantes les explications que nous venons d'en donner, et nous sommes persuadé que l'élève, sans peine aucune, arrivera à l'harmoniser d'une manière distinguée et dans la modalité. (Voir au Système Nouveau: De profundis, page 82; O salutaris et Jesu Salvator mundi, page 83, ainsi que les autres morceaux du 6.ᵉ et du 14.ᵉ mode.[1]

VII.ᵉ MODE.

Le 7.ᵉ mode a *Sol* pour *finale*, et *Ré* pour *dominante*. On le commence en *Sol* 8.ᵉ ton, quand la 1.ʳᵉ note est un *Sol* ou un *Ré*; si c'est un *Mi*, comme au *Lauda Sion* (page 76 Système Nouveau), on commence en *Mi mineur* 3.ᵉ ton, pour revenir le plus tôt possible en *Sol* 8.ᵉ ton, afin d'accuser la modalité. Quand la 1.ʳᵉ note est un *Ut*, on voit, si d'après la phrase, on peut commencer en *Ut* 5.ᵉ ton, ou en *Fa* 6.ᵉ ton. L'accord de la *dominante* se fait sur *Ré*, en *Ré mineur* 1.ᵉʳ ton, pour l'accompagnement homogène, et en *Ré majeur* 7.ᵉ ton, pour l'accompagnement mixte. On termine toujours ce mode en *Sol majeur* 8.ᵉ ton. Dans cette phrase dont l'accompagnement est mixte: 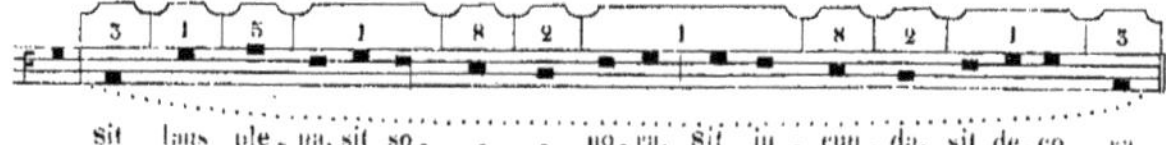

page 70, on commence par l'accord de la *finale*, pour accuser la *modalité*; ensuite on fait l'accord d'*Ut* en sixte 1.ᵉʳ ton, pour préparer celui de la *dominante*, *Ré majeur* 7.ᵉ ton. Dans ce morceau de quatre lignes, on entend dix fois l'accord de la *dominante*, et seize fois celui de la *finale*: voir ce morceau à la page 70 ainsi que le Gloria à la page 66.

Fragment du LAUDA SION. VII.ᵉ Mode mixte.
ACCOMPAGNEMENT HOMOGÈNE. (page 76.)

Nous avons pris de préférence ce fragment du Lauda Sion, parce qu'il nous permet de donner des explications plus complètes; la *finale* et la *dominante* s'y rencontrant plusieurs fois.

On commence par l'accord de *Mi mineur* 3.ᵉ ton sur la note *Sol*, pour avoir celui de la *dominante* en *Ré mineur* 1.ᵉʳ ton sur la note suivante *Ré*. Si l'on avait commencé par l'accord de la *finale*, *Sol majeur*, 8.ᵉ ton, sur la note *Sol*, il eut fallu se priver de l'accord de la *dominante* sur le *Ré*, pour éviter deux quintes et deux octaves directes entre les accords de *Sol* 8.ᵉ ton, et *Ré* 1.ᵉʳ ton. L'accompagnement sous le chant, commence par l'accord de la *finale*, ce qui est préférable; mais nous avons cru devoir donner les deux accompagnements, afin qu'on puisse à volonté se servir de l'un ou de l'autre. On fait l'accord du *Mi* 5.ᵉ ton sur la note *Mi*; celui d'*Ut* 1.ᵉʳ ton sur la note *Ut*, par mouvement contraire, pour avoir l'accord de *finale* en *Ré mineur* 1.ᵉʳ ton, sur la note *Ré*, à la syllabe: *sit*; ensuite on joue l'*Ut* 1.ᵉʳ ton à la syllabe: *so*; le *Si* 8.ᵉ ton et le *La* 2.ᵉ ton, pour faire entendre de nouveau l'accord de la *dominante* sur les deux *Ré* aux syllabes: _ra, sit. La phrase précédente se répète sur les mots: *ju_cun_da, sit de_co_ra*. Sur la dernière syllabe du mot *de_co_ra*, on ne peut faire entendre l'accord de la *finale*; il y

---

[1] On sait que le 14.ᵉ mode transposé est semblable au 6.ᵉ, excepté que dans le 6.ᵉ le *Si* ♭ est accidentel, tandis que dans le 14.ᵉ il est à la clé. (Voir le 14.ᵉ mode au Système Nouveau, à la théorie du Plain-Chant, page XIV.)

aurait encore deux quintes et deux octaves directes comme nous l'avons expliqué aux deux premières notes du mor_ceau: *Sol, Ré*. On fait l'accord de *La mineur* 3ᵉ ton sur la note *La*, au dessus de la syllabe: *Men*; l'accord de *Sol majeur* 8ᵉ ton, sur la note *Si*; celui d'*Ut majeur* 8ᵉ ton, sur la note *Ut*, au dessus de de la syllabe: *tis*;[1] puis l'accord de *Fa majeur* 6ᵉ ton, sur la note *La*; celui d'*Ut majeur* 6ᵉ ton sur la note *Sol*; celui de *Fa majeur* en sixte 8ᵉ ton, pour terminer le morceau par l'accord de *finale* en *Sol majeur* 8ᵉ ton sur la note *Sol*.

VIIIᵉ MODE.

Le 8ᵉ mode étant le plagal du 7ᵉ, a *Sol* pour *finale*; mais sa *dominante* est *Ut*. On l'accompagne à peu près comme le 7ᵉ mode son *authentique*; on marquera sa *dominante Ut*, par l'accord d'*Ut majeur* 5ᵉ ou 8ᵉ ton. Dans la phrase: 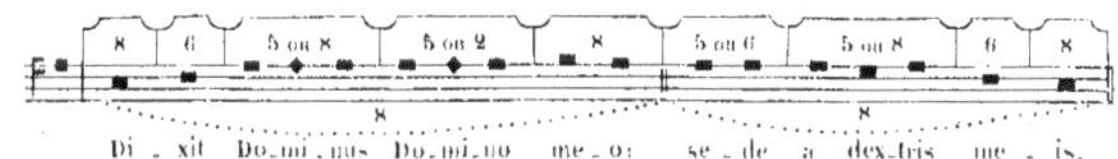 (page 72), on accuse le mode en commençant par l'ac_cord de la *finale Sol* 8ᵉ ton; ensuite on prend l'accord de *Fa* 6ᵉ ton sur le *La*, afin d'éviter le *Fa dièze* du *La* 8ᵉ ton, qui serait un peu dur avec la relation du *Fa naturel*, deux notes plus loin. L'accompagnement sous le chant, commence par l'accord d'*Ut majeur* il est aussi d'un bon effet parce qu'il évite le *Fa ♯* dans l'accord du *La* 8ᵉ ton. On s'en servira pour varier l'harmonie, mais après avoir fait entendre deux ou trois fois celui au dessus du chant qui lui est préférable, puisqu'il commence la phrase par l'accord de la *finale*. L'accord de *dominante* se fait sentir sur la syllabe *Chris_*, et celui de la *finale* sur *_te*; ensuite on prend, comme plus haut, l'accord de *Fa* 6ᵉ ton, sur le *La*, pour éviter le *Fa ♯*, dans l'accord du *La* 8ᵉ ton. On continue par l'accord d'*Ut*, sur le *Sol* 6ᵉ ton; on fait celui de *Fa*, en sixte, sur le *Fa* 8ᵉ ton, pour terminer cette phrase, dans la *modalité*, en *Sol majeur* 8ᵉ ton. On continue de même jusqu'à la fin de ce morceau, où l'harmonie est très variée, quoique l'accord de la *fi_nale* soit répété neuf fois, et celui de la *dominante* six fois. L'accompagnement est homogène ainsi que celui de l'*O Salutaris*, page 75, et à quelques accords près celui de l'*Iste confessor*, page 72

DIXIT du VIIIᵉ Mode.

ACCOMPAGNEMENT HOMOGÈNE. (page 81.)

Ce Psaume n'est composé que d'une phrase musicale du 8ᵉ ton, comme on le voit sous le chant. On commence au dessus du chant, l'accompagnement homogène par l'accord de la *finale* sur la note *Sol*, pour accuser le 8ᵉ mode; puis on fait sur le *La*, l'accord du *La* 6ᵉ ton, en *Fa majeur*, et l'on a l'accord de la *dominante* en *Ut majeur* 5ᵉ ou 8ᵉ ton, sur les trois *Ut*, au dessus du mot: *Dominus*. On peut à volonté accompagner en *La mineur* 2ᵉ ton, les trois *Ut* suivants au dessus du mot: *Domino*; mais il faut terminer la phrase par l'accord de la *dominante* sur *Ut* au dessus du mot *me_o*. Ayant déjà entendu sept fois l'accord de la *dominante*, on évite la monotonie en faisant l'ac_cord d'*Ut* 6ᵉ ton, en *Fa majeur* sur les deux *Ut* au dessus du mot: *se_de*. Pour ne pas perdre de vue la *modalité*, il faut de nouveau faire l'accord de la *dominante* sur les deux *Ut* au dessus des mots: *a dextris*, et sur le *La*, l'ac_cord du *La* 6ᵉ ton, en *Fa majeur*, pour terminer ce morceau par celui de la *finale* sur la note *Sol*, en *Sol majeur* 8ᵉ ton.

---

(1) Cet *Ut* n'existe pas dans la plupart des éditions; si on le supprimait ici, il faudrait sur le *La* suivant, faire l'accord du *La* 2ᵉ ton, pour éviter deux quintes et deux octaves directes entre le *Si* 8ᵉ ton et le *La* 6ᵉ ton. (Voir cette faute aux Nᵒˢ 15 et 16 du tableau synoptique page 31) Il y aurait alors un triton dans la phrase et pour l'éviter, il faudrait faire le *Fa ♯* et l'accord qui lui convient, comme nous l'avons indiqué à la fin de la 1ᵉ strophe du *Lauda Sion* (page 76.)

DES VI MODES
complétant le système des XIV modes.

Le IX.ᵉ mode, le X.ᵉ [1], le XII.ᵉ, le XIII.ᵉ et le XIV.ᵉ ayant leur diapason trop élevé pour la généralité des voix, on change leur clé d'*Ut* en une clé de *Fa*, avec le *Si* ♭ à la clé, et on les accompagne ainsi:

Le IX.ᵉ mode, comme le I.ᵉʳ; le X.ᵉ comme le II.ᵉ; le XII.ᵉ comme le IV.ᵉ; le XIII.ᵉ [2] comme le V.ᵉ; et le XIV.ᵉ comme le VI.ᵉ (Voir ces transpositions, au Système Nouveau, page XIV de l'abrégé de la théorie du Plain-Chant.)

Quand on rencontre le *Si* ♭ accidentel, il devient, par ces transpositions un *Mi* ♭, qu'on accompagne avec le I.ᵉʳ accord du 1.ᵉʳ tableau du Supplément, en *Mi* ♭ majeur.

Ces modes, pour leur accompagnement, sont soumis aux mêmes règles que ceux auxquels ils sont assimilés; on commencera donc par faire entendre l'accord de la *finale*, autant que possible dès le début, et celui de la *dominante* assez souvent pour distinguer l'*Authentique* du *Plagal*, comme nous l'avons indiqué pour les six premiers modes dont nous avons donné l'explication. On trouve dans la Méthode Système Nouveau, plu_ sieurs morceaux de ces modes, que nous donnons comme spécimens:

IX.ᵉ mode: Kyrie des Dimanches de l'Avent, page 48.

X.ᵉ mode: [3] Credo des Messes solennelles, page 68; Confitebor page 82; Benedicamus Domino, page 83.

XIII.ᵉ mode: Agnus Dei, page 43; Alma, page 70.

XIV.ᵉ mode: Lauda Jerusalem, page 82; O Salutaris et Jesu Salvator mundi, page 83.

CONCLUSION.

On comprend, d'après les explications qui viennent d'être données, que pour harmoniser convenablement le Plain-Chant, il faut d'abord connaître le mode du morceau; ensuite lire la 1.ᵉ phrase de ce morceau, et accuser la modalité par l'accord de la *finale*, le plus promptement possible, sur la 1.ᵉ note si on le peut. On fera entendre sur la *dominante*, l'accord qui lui est propre, le plus souvent qu'on le pourra. Enfin pour éviter la monotonie, on variera l'harmonie, comme on l'a fait pour les morceaux de la 2.ᵉ et de la 3.ᵉ partie du Système Nouveau. Nous a_ vons même souvent varié les accords sur la *dominante* et sur la *finale*, [4] quand ces deux notes se présen_ taient fréquemment.

AVIS.

Maintenant que l'on connaît les règles de l'accompagnement du Plain-Chant, on étudiera, on méditera même, la manière dont on a varié l'harmonie des morceaux de la 2.ᵉ et de la 3.ᵉ partie du Système Nouveau. On n'é_ prouvera après cela aucune difficulté à accompagner les chants du Graduel, de l'Antiphonaire &ᵃ, à comprendre à première vue l'harmonie qui convient à chaque mode, et l'on saura avec la même facilité appliquer le sys_ tème d'accompagnement que l'on préférera. C'est le moyen le plus sûr d'arriver avec promptitude et facilité à accompagner le Plain-Chant d'une façon correcte et avec le bon goût qui distingue les organistes de talent.

FIN.

---

(1) Le XI.ᵉ mode n'est pas usité.

(2) Le XIII.ᵉ mode peut être chanté sans être transposé, avec *Ut* pour finale et *Sol* pour dominante.

(3) Ces morceaux du 10.ᵉ mode, étant dans leur ton naturel, ont *La* pour finale et *Ut* pour dominante.

(4) Voir l'hymne de S.ᵗ Pierre et de S.ᵗ Paul, page 50; le Libera me, page 40; l'Offertoire des morts, page 41; la messe de Dumont, page 88; idem, 61; la messe des fêtes solennelles, page 64, etc. etc.

9 782019 992170